白羽
White Plume

Nicolas Delano Lorraine 著

Billson International Ltd.

Published by
Billson International Ltd
27 Old Gloucester Street
London
WC1N 3AX
Tel:(852)95619525

Website:www.billson.cn
E-mail address:cs@billson.cn

First published 2024

Produced by Billson International Ltd
CDPF/01

ISBN 978-1-80377-112-0

©Hebei Zhongban Culture Development Co.,Ltd All rights reserved.

The original content within this product remains the property of Hebei Zhongban Culture Development Co.,Ltd, and cannot be reproduced without prior permission. Updates and derivative works of the original content remain the property of Hebei Zhongban. and are provided by Hebei Zhongban Culture Development Co.,Ltd.

The authors and publisher have made every attempt to ensure that the information contained in this book is complete, accurate and true at the time of printing. You are invited to provide feedback of any errors, omissions and suggestions for improvement.

Every attempt has been made to acknowledge copyright. However, should any infringement have occurred, the publisher invites copyright owners to contact the address below.

Hebei Zhongban Culture Development Co.,Ltd
Wanda Office Building B, 215 Jianhua South Street, Yuhua District, Shijiazhuang City, Hebei province, 2207

前言，致读者

我是《白羽》（White Plume）作者 Nicolas Delano Lorraine，鉴于曾用名，大家也可以叫我 Percival 或者其昵称 Percy，都是一个姓氏，在中文之中也就是帕西，我更习惯于这个称呼。翻开这本书正文的前几页，你们会看到本诗集的第一首诗，也是我写的第一首情诗，包括标点符号在内的任何内容没有一分一毫的改动，保留着我在一年前的作品风格，是我永远是对他说的话，这首诗写于 2023 年 11 月 2 日。

十一月的那天，那天我因为精神病还是没法正常复学，然后又因为药物原因躁狂发作，就像我说的一样，我患有也受困于双相情感障碍和其余的。我记得那天我没有吃药，强爽有一股廉价的酒味，我写下了这些东西，醉醺醺地晕头转向，胆怯又期盼着侥幸，夹带着少年人的得意洋洋，分享在朋友圈子内，直到大概是十首诗歌的时候，我在诗歌爱好者群被编辑联系，又将信将疑地怀疑他们口中的是否是欺骗和谎言。

而当我知道最少 50 首诗才能出诗集的时候，我觉得遥遥无期，而现在整个诗集已经完成，在我写《生青》的时候，我开始给诗歌标号，然后哭了出来。

因为我不知道我为什么要哭，好像诗集结束就是"爱情"终结一样。

我这么喜欢你，到底是自己的幻想和误解捏造，还是被只言片语迷惑？后来我才知道自己仅仅是出于一种自哀自怜和恶趣味被吸引。

我记得我在写《噩梦》的时候，我得了肺炎，那天哭着给你写完，那天我看到了天花板上彩色的余晖和蠕虫。

《总有一天我们会在一起》，那也是新年夜的时候，除夕我哭着写完的，我那个时候仅仅因为想开暖气被骂了。

……莫名其妙的，我一直读不懂说话的艺术和社交距离，很多时候我实在不知道我做错了什么，周遭的一切迟迟欲语，但好像又缄默着什么都不告知，而我永远像折头苍蝇一样乱撞，在所到之处把我的生活全部磕碎，然后偶然的某一天，我撞入了你怀里，那是那年的 7 月 17 日。

　　我想一直以来，从来没有人能让我有这样的感觉，看到模样会害羞腼腆，就像我说的一样，我羞于提到你的名字，总是会脸红…你是我的心之所向，你在我心上像跳跳糖一样甜美和跳跃，好像闪着光，比手臂上亮白的疤痕更为璀璨。

　　我有好多事情想和你一起做，有好多事情想知道，想要问你和告诉你，我现在一直都很喜欢你……有时候我口无遮拦、口出狂言，即使朋友们调侃说我对你念念不忘。

　　我生命中好多的日子都很艰难，而进行疾病的报菜名只会让人自然而然得对我感到厌烦，在你的呼吸里面我可以看到我的所求，我最近才意识到我的感情很极端，边缘型人格障碍惯有的感情洪流频频决堤，把我的整个世界都冲塌了，而过了一会儿情绪离开了，我又不得不恢复原样，收拾一片狼藉的残局，反复如此，我的精神也劳累疲乏而满目疮痍。

　　后来我睡前的幻觉越来越严重，但是我觉得所有地方都有鬼，就站在我旁边对我细碎的耳语，门把手就像匕首一样，蚂蚁在我皮肤底下，脑袋里有拍不出的蚊蝇。

　　但其实我知道，其实我知道我自己也只是吊着一口气活着，就像科胡特笔下的代偿和防御结构。而我很快就会恋情别连转移注意力，我确信的是你不可能一辈子陪着我，我的性情像金属一样热得快凉得也快，我早就从过去就笃定的是，我要为我自己写作品，以后大家想到《白羽》，他们不会想到你亦或是"# 洛林到底是为谁而落笔"这样的热议话题，他们只会更多地会想到我，这部作品也是我第一次文学实践的成果。

　　……所以我必须得开着灯睡觉，我看到阳台那边弹出白色的汤匙，就像基督头上的光轮，空气里根本不可能存在的汽油味，地面上隆起了五色的蜈蚣，一切幻觉都像潮水一般涌来。

　　我躺在床上，过去站在床上掐着我的脖子。

开着灯,我的眼睛不好,闭着眼睛也会在灯光下刺痛,所以我带着眼罩,眼罩一边坏了,戴起来很麻烦,总是缠住我的呼吸。

我有幻觉的时候就把眼罩揭开,然后把文字写下来,其实我到最后都不知道自己是怎么睡着的,从很早之前开始,我的睡前就越来越困苦,浑身都痛和难受,世界的一切与我来说错位颠倒,就像把手脚接反了一样:手踝,脚肘。

这样的症状可能是从我初中毕业进食障碍到那会一直绵延至今,发作时间大概是在晚上四点以后,甚至有时候一个下午都是难受的,只有早晨稍微好一些,那种感觉和发烧一样,应该说全身的脏器都在被火烧针刺,有时候吃了劳拉西泮,情况能好一点,但有时候会再严重。

我感觉我并不是我在活着,而是我身体里的劳拉西泮在替我活着。

每天我躺在床上都对那些生和死的话题穷思竭虑,不得不有意识地控制着呼吸而非窒息而死,今天会怎么样?明天会怎么样?死了以后会怎么样?总有一天我会消失在这世界上,而我会知道这件事吗?还是只是说在大脑死亡以后我就再也不存在了?晴天和阴天有什么区别,就像浑浑噩噩地活着和死有什么界限一样,惨淡的是惨淡的,不幸的是戏剧的。

我只能晦暗的玻璃前景和明亮的脚下,我想着你,寄望地上能和迎春花一样长出明黄色的星星。差不多在四月中旬前些日子,我开始心口痛,以前又有过痛风,走路的时候钻心地疼。有时候因为抗精神病药物而身体指标出问题,有时候身体癫痫一样的颤抖,让我总是怀疑我自己是不是快死了,而我才17岁。

在我创作的很多日子里,我吓跑了很多人,在以前就是,没有人能承受我的诉说,后来我写成文字,即使在这种掩饰之下都会让人离开我。

其实我只是一遍遍复述这些惨痛的经历,试图给我现今的受难和性情恶劣乖僻寻找一些合理性,即使这些记忆本身早就在一次次地添油加醋添砖加瓦之下面目全非。无论身体如何前进,我都是一个活在过去的人,而我早就对那些陈词滥调疲倦了。

而我在这里对此进行解释,也只是方便读者们对下文的诗歌有所解读，在创作的过程中，无论是我的小说还是信件以及诗歌，都发生了极其剧烈的风格嬗变，甚至在我创作的即刻都全然无知，直到我开始一一修改前面的诗歌，甚至进行重写（《蓝星》就是根据原作意象的重写作品）。

我终于明白了，我只能和你说，这是我情绪唯一的流通渠道。

2024年4月23日中午，我在肯德基里把最后一首诗写完了。

那天我的痛风又犯了。后来为了出版又发生了很多糟糕的事情，后来我修修改改，直到再也想不出任何的词藻。这部作品从我身体中脱离，掉落在荧光的屏幕上，现在又落在你们手中。

2023-11-02——2024-4-23，《白羽》，这其中有173天，我写了那么久的小说《Lapin》，不可思议的是，我的第一本出版作品是一本诗集。

感谢森琳先生和其他朋友们一直以来对我的不懈支持。作为同样的作家和友人，我们认识彼此的时间远大于我们熟悉彼此的时间，她敏锐地提供了许多思路和线索，她对我说的话似乎揭露了这段感情的本质，我一直记得森琳对我说过的这句话，我把它截图下来，扔到我的收藏夹里：

"你这个自恋程度真的让我很担忧，其实我有时候会好奇，你到底是因为他而伤心，还是因为他像你而伤心。"

请大家也多多关注我的朋友森琳先生的作品，用旧约中的话来说：愿你我之中苦涩或毒的树苗永不会发芽。

目录

1. 我亲爱的 \ 1
2. 蓝星 \ 4
3. 苦橘 \ 7
4. 我想坐在你的电瓶车后面笑 \ 11
5. 醉步 \ 13
6. 给这世界上最柔软的 \ 18
7. 爆鸣 \ 22
8. 再见了,我的阿喀琉斯 \ 26
9. 噩梦 \ 30
10. 生活会越来越好吗? \ 33
11. 我好害怕睡觉 \ 38
12. 不要怜悯我,请爱我吧 \ 43
13. 诉说 \ 47
14. 果核 \ 52
15. 平面代数几何教学大纲 \ 56
16. 薄凉 \ 61
17. 海波 \ 65
18. 半碗汤 \ 69
19. 偷情日记 \ 74

20. 有一天我们会在一起的 \ 79

21. 你将荼蘼 \ 82

22. 嗅着，嗅着 \ 85

23. 看 \ 88

24. 请在我的窗户上写字 \ 92

25. 烟灯 \ 95

26. 恶俗 \ 99

27. 三月五日星期二惊蛰 \ 103

28. 某牌菠萝啤 \ 108

29. 洛神 \ 112

30. 锂电池 \ 116

31. 又 \ 119

32. 卵，石 \ 122

33. 要与神比赛跑 \ 125

34. 嬉皮 \ 128

35. 艳俗 \ 131

36. 貌合神离 \ 134

37. 死活鱼 \ 137

38. 登高 \ 140

39. 有福 \ 143

40. 唱衰 \ 147

41. 蝉蜕 \ 151

42. 更加鲜活 \ 154

43. 琴弓 \ 157

44. 竹节 \ 160

45.小情人 \ 163

46.47.豆娘眼 \ 166

48.49.生青 \ 170

50.表白 \ 174

51.肉麻 \ 178

本诗集原定名《我亲爱的》,现名为《白翎》/《白羽》(英文:White Plume)

1.我亲爱的

by Nicolas Delano Lorraine

啊!啊!
漂亮的,美丽的!
我亲爱的!
将我的信笺寄往无边的黑,
将我的爱恋送向没有落款的天边。
我爱你,因为枪响如同牛铃狂笑。
我爱你,因为蝴蝶扑火。
我爱你,因为伤口里淌下宝蓝色的浆。
无数个日夜的欲仙欲死,
无数个白昼的沉迷和醉。
杀了我,将我心脏取出,
风干了我,

白羽

抖落了你斗篷上的星光，
抖落了毛绒坎肩上濡湿的泪痕。
我喊叫，因为与你相隔万里。
我哭泣，因为同你隔了时光。
我亲爱的，
我的韶华流去，
死亡却使你的容颜永驻。
我亲爱的，
我的自惭形秽，
皱纹却让你的美丽更加，
钦慕的爱，伤痛的泣，
愿你鬈发的弯曲里卷起的不再是泪，
愿你嘴角细纹里蕴藏的不再是痛。
愿天主赐予你的再不是，
枯槁的经文，呆板的字符，
愿你在炼狱或是天国永远地笑，
愿你鲜衣不再染血，
真诚地祝福你，但愿你，
笑吧，笑吧，
我的心之所向，
不再有冷眼或是泪眼，
不再有苦痛或是彷徨，
冻伤或是割伤，
愿你……愿你……
我亲爱的，

1. 我亲爱的

再不忧伤。

（这是本作第一首诗，是唯一一个无论是在格式上还是内容上都没有改动过的诗歌，作为作者永远想对他说的话）

2.蓝星

by Nicolas Delano Lorraine

  敲着键盘，在钢化膜上回车键的位置磨损了白色的豁口，

  混浊的大脑想不出什么东西，乖乖药，在四方楼里服刑，

  想依偎在你衣裳的前襟，脚心的痛风在冬天的街道摇晃着胫骨的一条轴，联想到升学考试是否能落实的免考证书，

  街道粉色的石砖，是麻雀、猫狗喷溅上去然后稀释的血，

  我塑封起每个工作日，然后把真空包装的灵光撕开，将抖落了愚钝的笔尖写下芦荻一样摇曳的字，

  我荒废了每个星期天，不再用寒假弯道超车，不再上那艘愚人船标号三甲，我不为任何问题作答，

  蓝星，想跨越好多个经纬度去见到你，想把你贴在我胸前的暗兜里，想把你掺进感冒冲剂里，

  想成为你的恋人，安非他酮，拉莫三嗪，

2. 蓝星

我好恨你啊,我不知道为什么想说这句话,明明更该憎恨的东西,我却想不起来了,

泪水涟涟,濡湿床单,绑定QQ账号上虚假的情侣账号和情侣空间,

往里面倒月经血,眼泪还有皮屑,拾起一块初冬的脏冰在胸前融化,这些也要告诉你。

我嘴里吐出很多霞光的晚风,一直要飞往泫然欲泣的白月,

我听叶动婆娑和瑟瑟秋风,在抚慰,在擦拭天上那轮泪湿的眼仁,

蓝星,我和你相差的几万个时区,我跑进灌木丛,玫瑰的荆棘和田鼠一同吱吱作响,

我迈入通天的山峰,猎户胳膊上蛰伏的鹰,蜂巢栖息在龟裂褐色的颈窝,

蓝星,蓝星是海、大洋、暖流和台风,藏在魔术师帽子里的兔子,

圆溜溜的运动饮料瓶盖被雷声撼动,我跑入了初夏的雨夜,

一切了然呈现于我,我为你哭泣,在新生的那一刹展开嘹亮的嗓子,敞亮的产床上面明亮了须臾,

我说你,我亲爱的,我的蓝星,我的皮肤是地壳,下面交错着暗流和地下河,

我皮肤底下酸涩地爬行过一整个纪录片里的蚂蚁王国。

如果我去见你,你会是什么反应,

白羽

　　这些诗歌，是否能寄往，拿到手上，又是否能了解我的心意？

　　小行星撞击，夜的白噪音和虫鸣，我把爱和怨恨混淆，宛如曾经混淆了考试和敌人的耳朵

　　唾骂，我又要阿谀，脸上红的一道，用手去抹才知道是野猫的爪牙，

　　蓝星，一道刀刃萃取的冷冽光芒，迟疑以后要用手撕开胶封，我亲爱的，请给我一封回信，

　　请打上邀约的棕漆，赠予我帽上白翎，月亮在呓语，对着蓝星，那是我在同你说话，

　　我要说多少个爱的寓言谜语或神话，写下弯弯绕绕拙劣字迹的虚数首诗歌，

　　夏天湿热的雷雨落在转述为一片未落的枯叶立在枝头，

　　因为我看见败叶，所以我笃定你是玫瑰，

　　我亲爱的，是蓝星，请用嘴濡湿封口，唾液是最好的黏合剂，我想听你说话，说我总是对你说的那些话。

3.苦橘

by Nicolas Delano Lorraine

掐进了我的指甲,拨开六个橘子,只好一个个吃着苦果,

我却只干嚼了苦涩,唉,为什么橘子会是苦的呢?橘生淮南啊!我听见橘皮里淮水流淌,淮水仰倒在山肩的椅背上,

我把橘子放在桌子上面,把荒废的塞进缺课的空桌,堵塞他要密语同师长的口腔,

苦橘是我的发言代表,我与你的定情信物,草药熬汤,蜜糖让枳实彰弥,半梦的胃黏膜回忆起阵雨和反刍。

幼稚的比喻,我依稀还能想起来,在哪一天我把桥比作虹光在迈步,这个比喻又被他人盗取,

胃液的酸水在牙龈间漫步行走,颅内蛛丝蝉联了春秋。

困倦的眼睛看字都散光了,我也从灯下看到很多个你的衣领,明光好像不太聪明,迷迷瞪瞪,浅睡眠。

失眠的头陷在玩具熊的怀抱里,我的身体跑在跑道手心里的草场,

白羽

　　小孩的脚在桌子下面踢，静坐不能，谁告诉我的？道听途说？考场上，呆板地不加思考就填上那几个ABCD，

　　相机失去聚焦，颤抖的刀叉和圣女果，肌腱向我的身体罢工抗议，脑中巨石砰然敲击了一瞬，

　　苦橘把我脸面打皱，不留情面，也学不会软和的通情达理。

　　苦橘，我还要误解到什么时候，公式被错读，答题卡背面白色汪洋，这些日子的小数点向后跳动了几位，到底还要荒诞地延续成多少漫步在白色沙滩的杂谈？

　　在沙滩上摩挲女友皮肤上的盐粒，意识又如沙滩像黄油在盛夏手心里融化。

　　脚下，我踩着句号的湿软沙子，

　　震荡在皮层不可述说，肌力能拉开几只劲弩，我踩着贝壳被磨砺的谣传。

　　柔软又张开爪牙，喷吐满嘴血腥气，这些红色的家伙啃噬我圆钝的鼻头，

　　我能否在睡前完成这首诗呢……我思索幻境同梦相连，被磨损的鞋尖延长，串起梦的玉珠让其并肩，

　　下一个零点过后，还是像无数个白日一样，昏睡到下一个下半夜？反反复复，

　　我亲爱的，我身体里充斥着思念的碎片，苦橘果肉曾经也同眷侣相连，

　　镜子的碎片，反射出你破碎的影子，无论如何描摹都无法再现故人，端详着，铬黄已经陌生得让我懵懂，空中楼阁全部要失真，

3. 苦橘

  我拼凑你的面容，我看着那些碎裂的和碎裂的，心漏了半拍，就像是戏弄：这是要和你一同共鸣，
  覆巢之下裂痕却再无法褪去，会有陈皮的拼贴游戏吗？干裂的，像是橘子嘴唇的隔夜，文字的涩口难咀嚼。
  荒诞的游戏中，有人捏起"骑士"的头盔，凯歌故事命脉上"然而"的字眼。
  我知道，揉皱了的纸再无法熨平，
  破镜重圆是小说家戏说的荒谬，人鱼色的泡沫和馨香一同。
  我总是在谴责我的无能，我设想倒退回亿万个一刻钟，徘徊在今与明的渡口。
  泪水里面海货盐腥，如果倒退时空，摘除噩梦的结节是否能成真？水母怎么样才能点亮深海的苦寒？
  我童年里再拼不回去的七巧板啊，零落的欲将从玩偶纵队里退伍，小兵人倒霉地摔断了长枪。
  多因一果，是否能综合让人衰败的致命因素，琐碎的也如七巧板疏散，
  我也无数次地问过自己，坐不住的膝下溜走的泥鳅和河水，错过和别过一直在装聋作哑，冲锋向前，
  喉咙里灌流当代下潮流的苦涩，血也夹带了冗杂的成分，这些血只能流淌在我的身体里，内存卡，在文学包衣以后也难以被读取，
  很多次，我甩开的援手，执拗的，在多少个回廊里，脆弱的信笺从指缝被撕割，文字的棱角刺向自己的心窝，

白羽

　　勇敢躲在床单手肘下面，无畏或是软弱，我仓皇地回顾，只觉得侥幸中充斥着不规则的黑色幽默。

　　该如何捡起？该从何说起。我的担忧是假的又是真的，我把每个鸿毛一样的创伤源丢在一起，压倒了鸿鹄高飞的肩膀。

　　他人看来好像无端升起的怨言，只能换来嘴唇撇动，唐突正对在牙尖那边，悬停着的也被强塞到颓然的面目里。

　　我亲爱的，哭泣并不能叫做娓娓道来，

　　指甲翻折，从分支的末路里竖起，形同死墙或墓碑，手指上肉刺卷起，

　　我要翻过墙走向荒原，临阵脱逃，烧成烽火在胸中呛咳，

　　烟垢色，碧空已经换了一副皮囊，

　　我知道，我还是会暴怒地从楼上砸到楼下，自满和刚愎自用发出巨响，摔坏的音乐盒和水晶球流泻彩灯，

　　蕾丝虚假的窃笑，虚荣卷在丝袜里，肉欲的卷积云，我的遐想也被卷在里面，

　　这都是可以解释的吗？大概都化作了桌台上的袖上脏污吧，柑橘松散的里应外合。

　　苦橘用酸汁写下季节对他的施虐。

　　我亲爱的，我要睡了，你在听得到吗？你会回应我吗，眼角的粥渍白得发咸，

　　合上的眼睛，拍一下讨打的小夜灯，

　　一以贯之的，好梦，我用苦橘的定情信物和你连接。

4.我想坐在你的电瓶车后面笑

by Nicolas Delano Lorraine

　　情侣说，早晚的，小推车后面的喇叭花也张大了喉咙，小滚轮尖酸地讨价还价，
　　呼吸中毒，烘干的瓷天压迫的喉咙和头顶，我在逃难。
　　灯花热闹，蜡油发热溅落，
　　慢慢下沉，慢慢下沉，扶梯的履带的零星上藏匿在黑色里，窸窸窣窣，包装纸里面装着烛灯的碎屑
　　躲过，路障的闪身，减速带一样的摇摇车，
　　我想起我一辈子都学不会自行车和电瓶车，
　　索取纸巾盒的笑口常开，空荡荡的嘴，油星蜇人，摆荡，掐着墙壁贫血的皮肉，三角形的漫不经心，
　　我知道，呼吸擦伤和中毒，喉咙里隐隐作痛的花木市场，我还是把淡蓝色的安定丢到草坪上，像竹签子一样，
　　货架转身离开，白花花的，洗洁精的婚服，变成衣袖砸在脸上的烦恼，我害怕毛巾的钙化，患上盐碱的僵尸病，
　　肥皂的油脂，廉价泡沫香薰，
　　我害怕好多东西，毛巾上的小兔子一起名为陈旧的陈列，膝盖的紧张症，

白羽

　　在篓子里，散装的彩虹，唇焦口燥的糖浆，我还有很多东西想说，比如鼻血，

　　瞥见了双层玻璃囹圄的黑影，我吊着一口气活着，兔子的头会撞碎在木桩上，

　　恐惧的燃和熄，每个活着的白天或者死去的黑夜，穿着高跟鞋的女人和皮鞋先生们用酒杯行贴面礼，杯口一圈湿漉漉的银星在溜冰，杯口闪动，滑行了刀刃的白眼。

　　小羊皮还在落冰雹，我想坐在你的电瓶车后面笑，摇摇车，颠簸和闪身，

　　我猜你，为什么脚下长不出迎春花一样的星星？我把南天竹当作红豆，靡丽的毒辣红心。

　　红符纸诉说我的体内有邪魔，我往摇摇车里塞硬币，饥渴的发动机咬着胜利的假金牌，

　　它把我运往哪里去，我拖沓着过去的岁月，鸟儿撞入尖刀一样的玻璃，脚踝上的裤脚管，泥水滑稽地装疯卖傻，

　　说书人，我阐述替别人做的嫁衣，真皮坐垫上牛吁吁的喘息，

　　我还是吊着一口气活着，我觉得活着是一个冗长的噩梦，我过去的日子像蝴蝶移走阿尔卑斯山一样荒诞，

　　我想坐在你的电瓶车后面笑，我拆开糖纸，一定有揉碎的彩虹，星星和晴天，褶皱的泪眼和融化在夏天的糖浆，

　　我真的很想和你说很多事，我想很多东西真的会传达，酸涩的红肿，油蜡，樱桃哭泣的眼睛。

　　（本诗歌是 neta 一些耳熟能详的桥段，并不是说作者要和文中的"我亲爱的"私奔）

5.醉步

by Nicolas Delano Lorraine

  一张小票,要为我可笑的买醉买单,买下辛辣,反酸到口腔里的胃液,麦香败落,化成着火点薄凉尖刻的喉舌,
  我阔别很久之前的儿童节,泡沫和方阵在行走,孩童的眼睛看像水泥里面浇筑的贝壳,泥沙在写叙事诗,
  铁锈要攀附权贵的铁门,缠腰蛇要衔尾,天空广阔,树木斑秃容不下眷侣的鸟巢,
  天的辽阔,眼窝青黑,我后颈的皮肤后流放着瘙痒的标签,
  我亲爱的,我的血液里悸动着燥热血肉的音符,
  蜷缩的手指柔弱无骨,握拳也如同吐息松懈,
  不再有力去执笔,只是回味余韵,
  像向小腿扑来的海浪,我对你的爱恋,小腿上面伤口有咸痛的割伤,白马鬃的海浪,撞入迷魂药的网子。
  温柔的海水,礁石孤立无援,地热温软地倾吐情话,它披着沙石的外衣,
  语气词感叹,海螺把娇声都藏入在自己的漩涡里,我听

白羽

见她的声音带着滴水的闺怨，扇贝也抹眼泪，海面哽了鱼刺，局促不安，

我将歪斜地舞蹈，我将错乱了脚步，一头栽倒，

跌进舞池中央——情人，你如约而至还是身着爽约的青衣遁形？

薄荷油在眉心毒辣地哭泣，啊！你好残忍啊！恶趣味得像是把红烛当香薰点着！

我亲爱的，不要把自己误以为是我的王子，楣举的繁多撞破衣兜，目光暂留，薄如雨点的温度，

你是我垂怜的过客，轻浮的情郎，一个餐铃被指纹敲响，咣当地摆上粉紫色糖衣作餐垫，

我是扑往熄灭了的余烬，夜虫，飞蛾，雀跃着。

倦怠的春梦，该死的性倒错，夜的眼皮斑斓的偏光翻折，无知也明艳。

侧脸上颧骨最高坡，还有眼球隆起的曲线，都炫耀着光斑。

脚趾站高跟鞋上，连声哀叫……初尝它是怎样招惹了绯红的害臊，污秽的床单是风帆状，

抓挠头皮，蹬踢绒布，

美妙！美妙！于梦中布施的短暂甜蜜的死亡！

不知所措，我染上了房间里睡眠眼罩的盲目，地毯也要起飞，抬升到云端，

脚下城市是灯海。天鹅绒两面派，手掌拖曳了变色龙的光泽。

5. 醉步

过山车一样栽倒。开往喉咙里,你冲撞进我的细碎的心眼,从此这些心眼就有你的名字,

心眼的黄豆跳着阿波舞,挑逗在蝴蝶和蚕蛾相汇之处。

我亲爱的,赠我一缕你的黑发!这是否是乌木沉香与东方唱诵,心室里面有为你的船舱,

一个淫靡骄奢的东方人风气,出埃及记。

多少佳人的妩媚如斯,在我眼里变作猫嘴里嚼过的鱼骨头一样空乏,美人的脂粉像泥沙一样粗糙,葱茏和枯萎,我还有很多盐分的零落,天国含在嘴唇内,仰着下巴,嗓子直通。

泄气的哀叹,嘴里含糊的酒歌,我胸中有兔子的春心在乱撞。

捏着果核,伸出窗棂,果核的裂纹也是新生破壳,

枯槁的毛线,黄毛丫头,水流和风沙中的谁给她的用染剂,汩汩的咧嘴,轻佻的姑娘也一同嬉笑,

腿脚躁动,瞳孔顾盼得成不庄重,

吸进,像雪莱,情愫的虚像,烛光被截断。

没有哪一种生,比得上如此的死,琴键上流连着三脚猫技法。

还童书生是一个轻浮的情诗阔步登天,云与弦月厮磨,一同预谋着酿作大祸。

我走在快乐与痛苦切近,干哕,舌后的胆苦,腋汗和发香交合。

又生着冉冉上升的热气,蒸笼的复眼,

白羽

　　我嗅到麝香沁出热汗，我在胸膛前听见心脏密语着，炽热的蓄势待发，

　　剖开的甜蜜，翕动的眼睫，兔子胡须颤抖，靡非斯陀的迷魂汤让天主垂青从丝袜绑带抛下，

　　生死交界里光影乱步，铁镊子一样的，声音镊走粒状的我，

　　我不记得逻辑链条相扣与相斥，但感情的模样我还记得。

　　电信号混乱的跳动，滑溜溜的鲶鱼情爱。起泡网像军训队伍一样解散……快递鸠占婴儿车。

　　墙壁上面，脸盆有镀层的水也欢快的踏脚跳，蜜饯的果核把玩在舌苔，迅捷的收缩，腓肠肌，

　　Borderline，踮着脚站在床缘，重心混沌，在胸腹鼓捣着蛋黄，白灯被小腿鼓胀的蹬跳惊吓，

　　地热发汗的胸膛上烙下脚趾和足跟，

　　灼烫的高跟鞋步，赤脚羞恼着玫瑰色的红脸，跳脚。

　　撑起桥拱的基石。

　　我触摸了将熄的太阳，烫伤诉说着肉红的无言，遗憾如鲠在喉，口红浆糊的猪油也黏也衔：唇峰镇压。

　　我要邂逅，又与之周旋，将要复明的死灰，余热也同样露出嗔怪的乖张脸面。

　　手挽手，五体平摊在鹅绒上，又滚落至投地，我情与欲的领主，今朝还将赐我多少黑麦，草药和糖块呢？

　　我点燃了火信，鲶鱼的腮须。

　　我亲爱的，铁锈不会攀上我的手指，但灰尘会蒙蔽那些

5. 醉步

没有瞳仁的眼睛,瞬息幻灭,那是栽倒在世间一抹璀璨爆炸的火流星,

你不会听到,但我并非不屑于白费口舌,就当是我自言自语,情歌一人独唱,和山岗的回音诉衷肠,石壁也如声带震动,

蛛网会系在你的腰间,终有一日也将扼住我的喉舌,

——那我们在哪里会相见呢?

绯红剥落或许是从脸颊或朱漆,

我已是浪漫的苦役犯,纤绳将紧咬进我的胸膛,干涸的河道又要被润泽,将朝露比拟作情人顾影自怜的镜子,端详你的眉眼和鬓发,头发比文人的墨水还要光鲜。

高压的头颅将殃及充血的眼球,眼泪要从我眼睛里,我热的一腔心胸是鱼虾在夏日的沸汤被惊扰。

又一次,又一次,假借忧愁博得你的怜爱,愿你伸出手和身躯一贯花心又空心。

我亲爱的,快快搂住我的腰肢,快快亲吻我的额头,让爱意化作泪光浇灌你的眼球,

一切并不是恍若,而正是虚无!让疯狂的幻想落幕!喷喷喷的,打印机还在为我们起哄,他伴郎的牙缝里咬过多少金戒指?

离去吧,离去吧,我的,头发色如榛果的情郎!

6.给这世界上最柔软的

by Nicolas Delano Lorraine

  握着你柔软的手,长长的指甲戳着我的手心,我问你,你多久没有修剪指甲和窗台那边的花?
  你是最柔软的,最柔软的,朝生暮死的蝴蝶。
  落日烧燎的蔷薇啊,流动的热浪蜷起萎蔫的黄叶,花墙上荼蘼了折腰的茎骨,
  赭石色的,花瓣的裙边,你没有鞋印的丝袜啊,干干净净的像是透光的磨砂玻璃,
  我不知如何诉说,我们之中究竟是谁已经没有了变老的资格呢?
  我还唱传着多少个季节前,难缠的笠翁对韵,逃走的今天,接下来的明天、后天和大后天,像病例本一样堆叠着。
  孩童的小鞋吱嘎的,鞋的船洞里,雏鸟尖细的嗓子短促地跳动了一个音节。
  因为一生太短,花盘不会结出硕果,籽实也会漂洋过海,四散零落,都是我的主观论断。

6. 给这世界上最柔软的

因为风太薄凉，所以你的残躯落进了泥泞的黄土里，像礼物一样被丝带绑起来，

闷热的衬衫里面包裹着潮湿的蒸汽，衣袖暧昧的浆不硬，要流泻到风的滤网，淅淅沥沥，衣袖的雨，闪光的一线把书页装订，我把噩运，璀璨和美梦都装订起来。

温柔的回忆紧缚我的喉头，我有太多垂怜，看到你的眼睛和睫毛一样低垂，可否有一点悲戚要滚落，

暴风雨夜里初生的彩虹，最终也在同样的夜里凋亡，

这世界上最柔软的，最令我垂怜的，呐喊的尖细喉咙被缢死的，魂灵不得安生，

被即将倾覆的危楼压在瓦砾下的，我想通过红色的座机电话线找到你，可你又被深埋在哪里？挤压在床头下面，垒起梦的高原。

白瓷上的血红裂痕，淤青的瑕疵挥之不去，

隔着生死与你对望，瞳仁里燃烧萤火，枝头悬挂褪色的红符，大写着批驳。

我尝到艰涩的，我尚未读取的现代性，彻头彻尾，落魄的现代主义。

巩膜上的血丝，纠缠的是宿命的蛛网吗？那些楼层里面钢筋在发出玻璃珠的光润，

你的眼波要滚进我的心口，春天长出笋的犄角，

隆起的足弓，踩在尖锐的土地上，踩在瘙痒的泥洼里，丢掉了些许良心，又在哪个瞬息捡起来？

愁绪是蛋糕里的蚂蚁，枕头上的眼泪会一样涸在信件

白羽

里吗？体热是否会褪去，南方的夏天有熊熊燃烧的拳头和鬓发，

雨前的低压悬停在蜻蜓翅膀上。

还是屋檐下，没有燕子再去衔泥，行道迟迟，枣白飘零，我听见这些剧场谢幕，天鹅绒红毯的毛尖掠过轻佻，浮光掠影。

店铺兼并包吞，灶头接着打火咬牙切齿。

这世界上最柔软的，不是床铺，不是被褥，亦不是春泥或陶土。

我最柔软的你，多少日夜，鸟雀的哀歌，牵引出多少个不可比拟的拙劣仿品？

任何油墨和书卷都不能同血肉比翼，

爱恨悲愤过后，前额后脑的灼痛，退缩在哪里的手指，离散而相聚的鸟群。

火苗再蹿上枯焦的发尾，火焰要再吞没一柄白羽？

我最柔软的你，春泥软滑如斜风细雨，眼里的流光比草汁更鲜嫩，地热咀嚼着花叶和赤脚，花生都在土里搭建起千丝万缕的帝国，

我写下的，我所唱的，或是戏谑的。

黑夜里抖落的泥沙，填满了再不会被蒙蔽的眼睛，

我最柔软的你，是否能在石板下面再次跳起耳环闪烁的颂歌悲曲？金色的梦，琉璃碎裂以后失去光华，

站在这里，不再回望故人，不再为往事所忧愁，

不再期待耶稣，也不在会……我曾经想到为什么人类不

6.给这世界上最柔软的

能一直睡着,生命里有雪花电视。一切平等的栖息和衰亡,
肋骨之内的烦扰已经可以丢弃,真情也是虚假作态的陪演,
 像蝴蝶一样被风撕碎吧,
 我亲爱的,最柔软的你。

7. 爆鸣

by Nicolas Delano Lorraine

  泥水匍匐在地上川流，西南风扑入你怀中，这到底是多少有情人抑或是我的化身？
  钦慕装入了气流的迷宫，心绪交错，
  隼鸟从夜空中陨落，僵冷的风筝断线，夜空悸动地压下一声爆鸣，我惊厥，这天地有多少生死更迭？
  哪里可以找到风筝的骨骸，朝露如血点缀于青苍的苔上，水龙头抽噎或许将悲戚，黑夜里有哀怜的鬼怪作祟，
  今夜也迟迟无法入眠，我站立在椅子的缺位旁边，床上安躺着失眠，夜空有爆竹的爆鸣，就像有什么东西掉了下来一样，
  鬼手从我指尖那边勾引着，大概他们身体里也有挣扎的骨骸，垂坠。
  思念抓挠心肝，抓痕红肿的炽热多么煎熬，碎裂的追忆横在我的喉舌上，奏出温泉一样硫磺的，小调曲。
  银牙忍痛要咬碎，惨淡也在腹中烂作朽木，

7. 爆鸣

我将羞惭地捂脸，恐惧的桅杆会填满海湾，在眼眶里繁衍成海洋，

冬日迫近，我追问，步步紧逼的束腰绳是要给哪位姑娘"上刑"，

麻雀泣血，单薄的余热从树梢那边垂挂鲜红松脂，松脂泪腺的流脓。

手心里，我抽取了死鸠的翎，这是否能和白羽比拟？我走过多少个光景才能看到他物的彩色？而万般霓虹只是鳄鱼眼里的瞬膜。

在脏血浸润的指尖蠢蠢欲动，镌刻在枪膛上干涸的指纹，

斑驳的红印泥，要刻章，匠人肌肉的挖凿封了自如入陵。

站着死去的一个传奇故事，多少刺客储君，

铁勺挖取臆想，扉页上落下狂人的嘴唇，

我所爱的往昔，东倒西歪地撒下在裙下，过去我对自己推翻又重建，

我好像已经不会十几以内的数数，手指丧气，要倾覆多少个已经建起来的身份景观？

头顶上暖湿气流的呓语，暴怒的风雪在背后推搡着我，我一头撞入雪夜，惨淡的戏码，新编破烂局。

入冬在呐喊，血和涕一同擤出，陈列衣袖上狼藉的赞歌，行人脸上刮打了雨点的行色匆匆，

笔尖体操动作歪曲，纸面上能写下我撞断头的机遇，给

白羽

每个速写人物画上眼线、睫毛和眉头,我真不知道,这和画上鱼尾纹和颧骨有什么分别。

我开启了没有目的的旅程,走走停停,有时或许又脚下生根。

记录下一切我能想到的字眼,睡前的喃喃着戏剧性的,空调下面磨蹭着布鞋,簌簌。

腰间爆炸的没有火石的电光,果盘中开心果开口一样喜悦的脆响,在我想要安顿的时候,这些又喊出惊人的爆鸣。

脚跟溜泥作冰,腰侧下坠肮脏的碎屑,化为胸前泥泞的融雪,泥泞小道里,有情人还是无赖一样摔得眼冒金星。

我亲爱的,我不会站着死去,亦不再登高瞭望。

白气的口腔吞吐,夹带春日的花痴病,我想当这部踏入了每条河的戏剧里的主人公。

擂木移倒在缝缝补补的城墙,在肃穆端庄背后一切会来临。

我想要磕碰的磁石,流泻的强光,我幻想了多少个在冬日,猎人小屋和旅客的故事。

困在电梯里的猫。

我想同你一起逃离,不把遗落的遗失拾起,不作了作惯的缠斗,未来在我脚尖前面和我的影子形同手足。

我要逃走,携带着月亮,哭声,张扬的斗篷被夜色抖开。

相思在踱步,指尖黏腻得也像是琥珀色的鲜血,从草根那边潮润的生长出麦芽糖,在三轮车的啤酒肚那边叮当作响,我所钦慕。

7. 爆鸣

　　羞涩的笔名将红唇和红腮视作熟果,诗歌大概也是鱼身的一枚逆鳞,

　　像我说的,像是别的诗人所呼号的,

　　我踢起秋叶和尘埃,脚尖会堆起黄叶如金浪,扑入我怀,烟花和火石在天地口唇之间短促地抽痛。

8.再见了，我的阿喀琉斯

by Nicolas Delano Lorraine

　　阿喀琉斯……香膏的泪水也无法挽回你鲜活，悲痛咽不下去，滞留在喉结那边，
　　不腐把美言细说，矫饰浸泡在海里被盐粒磨砺到溃烂，到底是在往谁脸上贴金？
　　荷马身份扮演，游戏人生，阿喀琉斯，你的爱恨是水乳一共交融，灯泪想要揭开虚假的空心，充耳不闻，
　　枯骨从棺木里被双手捧起，空空荡荡的虫牙齿痕，
　　有人驱散那些蚀木的船蛆，蠕动如怪诞的祭祀舞，折返在耳唇的也不再真切，
　　阿喀琉斯，你周遭有多少非议？杜撰的笔法反复无常，心性好比六月天。
　　断交断联，风团块和蚊蝇里。
　　我乱撞，头脑里苍蝇拍不出，熄灯之后蝇虫扰攘。
　　门把手的墙面后面，"砰"的摔下一方盒蚕蛾的脸毛，灯球在暗哑在白墙的血肉之缺。
　　我饰作心盲也无法不被唆使，曾经也误解了你的面貌，这是一颗木刺在我手指上，

8.再见了,我的阿喀琉斯

我绝非追加粉饰,不在面上敷铅,天空和丧服一样有煞白的脸,海滨的花卑微的衰败,Bloom。

唇上也无需抹脂,折断胭脂虫的故弄在唇上的惺惺造作,打开写了我假名的书信。

再见了,阿喀琉斯,母马后蹄上缠着纠葛绵绵,脚下路漫漫,脚步歪斜跌向河水滔滔,

你心中是人和神在激昂,我听见高歌在你胸膛上的不和谐音,

铅弹射中阿喀琉斯的脚腕,日火将伊卡洛斯的蜡翼黏稠地融化,蜡像眼眶骨里落下枫糖泪,

哀悼的声音有着灰白色的皮肤,我揣测着,那些是否虚情假意,

白烛哭泣,冢中磷火,泡沫流光溢彩却瞬息幻灭,破裂的牙龈嚼碎了铁锈一般,两者都无法下咽,

我的阿喀琉斯,后面宴席上酒肉也是撕扯你的酮体,雌雄难辨,侍女的俊朗不作奴颜,情书送往了假名的相许。

如果你看到我的喉咙上喉结滑动,那是在吞咽那些不成文,我到底要为你说些什么?

指尖战栗的震颤,帕里斯的箭,火石崩裂,柴堆噼啪作响。

白日的萤是流火在蹿动如烟花,你的火彩什么时候回复明?

想到你,我怀揣着胸中的炭火,我看见多少个后缀在数落,假假真真。

白羽

　　像光球一样发热，炭火也会在被褥里燃烧，焚毁冷气和汗颜额头下的毒辣，
　　阿喀琉斯，我知道你藏在我肌腱下面，血流也要悲而逆流，我头脑里也沸腾。
　　我衣角摔在风雨里，遗弃了那些铁锈色的栏杆，
　　喧嚣的街道。
　　沉寂的惨白天地一色，浑身发毛，我在惨淡里对鸣笛声过敏。
　　那些狠狠怒视我的车灯，我想把他们砸碎却徒然无力，圆色灯圈会写出数个周年的纪念日。
　　布满白斑的玻璃，窗户蒙尘，吱嘎作响的椅子惨叫哀鸣，
　　我再也不能安坐，把一切都摆在我的小床上。我与落地窗面对面，对鼻尖，灯光裁去我影子的一层薄片。
　　昏黄的天边为鼠疫所为难，恶疾在海岸断崖之内蔓延，
　　我的阿喀琉斯，珍重，我同你作别，
　　阴霾不会卷入你的了然之中，周遭一切又要高歌猛进，每个匍匐的角落。
　　我是可笑的人啊，总是把悲戚埋在心里，只是聆听着夜不明所寓的低吟，
　　无情的鬼怪与蠕动的黑影我眼前嬉戏，
　　堂而皇之，闭眼也无法逃脱，唉，视网膜上早已有不幸的烙印，我想排遣，但手臂也被罢黜，
　　晦暗的屈着膝要跳远，鬼怪夺取了精灵的位置，
　　我开着灯，期待着天际线破晓拨开天空的卵壳，

8.再见了，我的阿喀琉斯

当曦光奕奕如同姓名的华彩，巨门星口若悬河也在黎明褪去焕然，

血一样的，红日流溢入海，我所惧怕的已经慢慢淡出，在已经逝去的不知何时。

晨曦熙来，江水的色彩汹涌着卷起熙攘，朝阳洋洋洒洒，写下日出山头的发动机轰鸣，

安眠药，胃壁的缓释片和不安对抗，又是几个星光暗淡的无眠，

安抚的手会抚平书页，冷血又要迎来一次次激荡，沸腾激化，

阿喀琉斯，假想你化为我膝下流过的河，

我将一切所想涂抹在书页和纸张，

璀璨的辞藻和男神一样像珠玑，这些诗歌暂且会在我活着的须臾被吟游，

枯槁是弥加鲜活，也沉郁在低空，双手合十，阿喀琉斯，我嘴里含着你瑰丽一样有神话云锦的名字，下一次旅行愿你不受荆棘之害，

我的阿喀琉斯，我对你在人间的余热送别，踏雪寻梅，血红的骨朵，就当作是你的鲜血萃取。

当我的思念让你造访，我就再次张开双臂，

把这些相思全盘接下，阿喀琉斯贯穿我的脊髓在身体里四散溢流。

9.噩梦

by Nicolas Delano Lorraine

  我亲爱的,
  我又一次的哭泣,黑夜空洞地吸进愉悦和笑闹,
  因为又一次的,陈旧的事情又一次翻新更迭,
  胸膛灌铅,无骨如蠕虫一样的手指,
  我亲爱的,我为什么要哭?
  因为我再也逃不开过往,固着在那个玉镯过不去的骨节,他们拉拉扯扯,质问为何在这个时刻溃败,
  我是网中的羚羊,刺穿了脖颈的野兔,剥了皮的猫崽子,
  因为我总是梦见,那些青黑的雾霾天,
  咀嚼着像是橡皮碎屑一样的咽沙一样的空气,我咽下那些灯光亮堂的窗子,
  我再说不出话,再看不清你的脸,
  我是一个没有皮肤的人,一切爱抚,你的温柔的吻全部化作了灼痛的烧伤,
  好比石灰漆的墙,风沙剥落,支离破碎,

9. 噩梦

堆积了一地的齑粉和脏尘，
我亲爱的，
我的呼吸好痛，我已没有退路，
因为那些疏漏的烫伤，一同剥离的皮肉和衣裳，
那些让我过敏的白纱裙，
我不可能身着它们走向磊落的殿堂，
我亲爱的，
我总是幻想被抛弃，未来会发生什么，又将夺取我的多少宝物，
我总是滚落床下，身体里充斥着虫群的痒，
我不能再踩在地上，因为我已经是一团，
纠缠的乱发，解不开的心结，视作珍宝的书稿也早就被随手丢弃，
我是锅里轻浮跃动的油点，
我好想笑啊，我要幸福啊，可是除了性梦就是噩梦，
我只看见，木门是教学楼的门牙，
黑洞洞的，孩童磕掉的门牙，索求和哭诉滑往盐井的死路，
我亲爱的，我的人生已不能再回望，
我亲爱的，我又要吃药了，我又要陷入无期的眠，
我的梦里看不见你，我哭泣着细数那些自哀自怜，
那些不在鞋柜里的鞋，烧焦的头发，缺位的劣质彩铅，
盗窃癖和性变态，
我亲爱的，我是爱你的，因为我也是爱我的，
多少次了，我觊觎着死亡，

白羽

我跳下？从台阶，楼梯，和楼顶。
我徘徊在那里，我懦弱的，
就像吹熄的酒精灯，哭肿的眼睑，
我亲爱的，
我是爱你的，可是我是说不出口的。
我好恨啊，碎裂一地的甜蜜沾染了秽物，
我好恨啊，那些手臂上亮白的疤痕，
低劣的成绩单，可笑的偏科和执拗，
侮辱，矛盾，玫瑰色的夕阳，
拙劣的道歉，缺了腿的蜜蜂蚂蚁。
对不起，我不知道是要向谁说起。
因为我是操场上被踩死的菜粉蝶，
因为我好痛苦，我的肺叶要涨破了。
我亲爱的，
我要走下去，走下去，
我的人生再也找不到幸福的路了，
我亲爱的，我要睡了，
但愿这些可笑的诗，会被你发觉。
（这首诗也是改动很少的）

10.生活会越来越好吗?

by Nicolas Delano Lorraine

生活会越来越好吗?人类永久的议题,我并不相信上升的螺旋,我的归宿不是你冰冷的怀抱,

性的客体,不存在的女人,

手背上的留置针,桡骨上或许有伤,

我的幻想不限于你冰冷的唇,

我抓住你的手腕,就像你握住我的命门,蛇的七寸和狼狗的腰,我的主体性,流动性,布朗运动的人群和客体恒常性。

我对那些七情六欲如数家珍,我的贪婪,禁忌不过是社会的割礼,

女人从一出生就卖掉了武器,男人也并无蚂蟥的口器利齿,顾忌让人无法踢打恶犬,

流落到边疆的乱草,乱草蔫坏下面寄存着死亡,圆形监狱充满惶恐,

信号灯晦暗,柏油路上碾死的负鼠,从肩头上跌坏的小鼠哭泣,城市的洞穴里面散布着失职诉词,洞穴也被可怜人的涕泪栓塞。

火柴盒，规训的滥觞，汽车鸣笛，彩灯烂漫是血栓给城市大动脉阻断，

猪猡！我听见咒骂，灯带流动的比车流还快，尾椎骨上嘻嘻哈哈，叫嚣。

矮化的女人，浮夸的情色演员，高潮虚情假意，连这也要仿真？

虚浮的大众心理学，可笑的业余测试不过是麻痹自身的预言，mbti 和星座学师出同门，小偷的衣袋里，同一性装的鼓鼓囊囊。

四五年前所看，他口中说着流水线分工的议题，对立的对立面，市民社会。

柏拉图的爱情也不过是矫饰，于是我先嘲笑柏拉图，也嘲笑叔本华和邻家姑娘的故事，

对我来说，爱即是欲望，并不是龌龊的，它随着我的呼吸起伏，

掖在皮肤褶皱里，同油墨的异味一起夹在腋下，衔在唇中，揣着一支口红，

我的软肋是神经症的病理，贪婪在哪里被开洞空缺，所以才化作了无休止的篡夺，

我想颈下枕头如云一样有绵软的口感，飘飘然的，揣测和揣摩有一线之隔。

我幻想枕在你的胸上，困顿和垂头的委屈都积蓄在泪腺里，

路过一家宴席，想要窃听红色天桥和新娘谈婚论嫁，

10.生活会越来越好吗？

司仪挥手把气氛演奏管弦，笑颜和哭泣一同协奏在撕开的前襟。

人文主义者，精神分析自作聪明，自古以来读书人就能兼容迂腐和傲气，

三角尺磨钝，夹在晦涩的学术词左右，干涩的字眼徒然对冷眼，台下离场将戏剧可笑地补完。

曾经有人问我，想到他，你更想要笑还是哭泣呢？我曾想着答案是前者，可是现实比床单还翻折，翻转了手心又要囤积了，

大家给今天的新娘打几分？

自哀自怜，给你下诊断，俄狄浦斯情结是次发的还是原发的，一个议题争论不休。

压抑的欲望是如何表达，欲望被挤压也只是会潜行到皮下，

武断又专横，冒失的偏执狂，像被打死的麻雀一样悲戚，旁征博引，我的胸臆讲话口无遮拦。

我亲爱的，生活会越来越好吗？

我在懂事那年嘲笑伊索寓言，伊索奴衣下的慧眼也如雉眼一样黄浊，

我时常思考着，答案却偏了题，我不想说那些宿命论，但未来好深，好黑，看不见星星的银河，

一眼望不到头，却又已展露无遗，

残忍的刀刃戏弄我的心尖，岔路口最后不约而同地收成同一个续作，

白羽

  我无比眷恋你的唇,到底是如何平和,才能得到嘴角不如松木起皮,我想嘴唇的红艳也是一种充盈,

  卖掉了武器,赤手空拳要面对这一切,又被颓废的裤脚管绊倒。

  倦怠在床单上伸懒腰,刚刚梦醒又松懈,散漫无力,钢笔空空荡荡的脑袋滚落到书桌下面,捡起了陀翁的血管破裂。

  对情郎的爱也如同彼此一般轻浮,我反复默念你的姓我的名,恐惧这些编号出现,

  滥情而死性不改,对着烂泥和枯骨物哀,唯恐有人把我呵斥,敢做不敢当,

  对着手机讯息悄悄落泪,猜忌每个人,遥想到不好的回答自身就会屏住呼吸,担惊受怕,

  我亲爱的,我太神经质了,一个呼吸和瞥视刺伤了我,银镯的冷眼和镣铐一样。

  大腿怒号着一曲淋漓,读书人悬梁刺股却只留下红肉的窟窿,窟窿有一个名字,"金榜落名的协奏"。

  那些英格兰长弓,箭在弦上,不过之于我只是架在他人的瞳孔里,

  反复问答的仪式下面,风引诱捧花不安的眼睛低垂,生活真的会越来越好吗?颠倒错位地想要重新栽入正确的苗芽。

  捧花给出了否定的作答,因为融雪的土很泥泞,就像黏滑的劣质颜料和那些彩胶,烂泥被践踏到四处,

  柏油飞溅在瓷砖,香蕉在鞋底形同蚯蝓,

10. 生活会越来越好吗?

　　红肿的泪腺和张裂的内眦,围裙上面红颜料是否与屠户无异,呓语絮叨,耳垂痒又烦。

　　哎,如果你吻我,这一切也不会有任何改变。

　　我深知这一切,我担惊受怕,额头上生出泉眼,未来的黑深是已经密实的无缝插针。

　　我亲爱的,请吻我吧,我想你在我的嘴角或额头落下一个感性的吻,

　　设想你的头发和汗水会把我唤醒,铁栏杆向里有一日也关押不了法国光头的所呢喃,

　　我知道生活不会变得越来越好,但是至少我们都得到了一个吻,不是吗?

11.我好害怕睡觉

by Nicolas Delano Lorraine

  小的时候,或许数年前,我瘫倒在被褥里,如同烂泥,
那时候还没有你,提着油灯走向晦暗,头脑疼痛得像是
要爆炸,头颅里埋下的种子伺机萌芽,涨破了我的头脑,
  电视机报道:岌岌可危的眼眶骨,喉结和肺,
  钟楼的钟在我头颅里砸响,嗡鸣蜇伤了我的耳垂,
  我把那些荧光的屏幕,遮蔽住了那些窥探的眼睛,他们
是否能看到我?
  师长,同学,我已经不在乎,一种机械性的客体化在骷
髅里冲撞,
  满不在乎,重复又强调,
  我爬上了最眷恋的温柔乡,即使有人呼唤我也不愿意在
惶恐中醒来,所有事宜,黄道吉日,抛在脑后垫在枕下,
  我陷入睡眠不想再醒来,疾病在作祟,温暖的怀抱在梦
中抚慰我,
  碱水会把那些酸涩胀痛的蜂毒,连同破裂的脓肿尽数
抹平,

11. 我好害怕睡觉

我身体里燃烧着,那些火焰烧燎了胃壁,"我身上有一团火,会把所有人都烧死",汽油浇筑。

肠子搅成一团,十二指肠溃烂红肿,

会厌吞吐着胆汁,惯用打一巴掌仨俩的保姆给孩童喂饭,孩子的胸口哭泣着他将来酗酒涨红的脸,赤红的烂糟糟,脸颊红血丝和酒糟鼻,

我身体里涌起的热流,咽下胃酸又反复,耳蜗阵痛,颅内里一只蜂鸟在觅食,

我太眷恋睡眠了,那些自然苏醒的清晨,

我是多么由衷地喜欢,刚刚脱离美梦的怀抱,我觉得天主的恩泽降临到我身上,这世界无比的欣快,阳光白皙如脂玉,

可我再也无法入睡,罐装蜂蜜也因排挤彼此而腐败,不得不在意,床单上的饼干屑。

我躺在床上,尝试自己睡着。

那些无形的手要把我掰得粉碎,我思考着,强迫地想着那些死活病老,脚踝旁边踩下来的布团,裤子的名字叫得嘹亮。

每一分走在我身上以老化,或是一个叫新陈代谢的骂名按下公章,柿子像痰一样落下来,沤肥。

我会在何地被命运的车辙碾过,

哪一天陨石撞地球,像孩童一样,因为书本上的二氧化碳排放而心慌意乱。

会有一天,我在睡梦中沉湎不苏醒吗?如果我醒不来,那我会在哪里追捕到你的踪迹?

白羽

　　我好想你啊，诗集已经字有六七千，这些爱语，我不知道要寄往哪里，修修改改，每一个字我眼都想要让其闪烁光辉，

　　会变成沉甸甸的钱或者书落在我掌心里吗，闪烁其词，你的名字。

　　我坐在床缘，这些躁动的春天，春天要来了，

　　这是花粉，尘埃，还有精神病发的季节，我已经想到那些排着的取号纵队了，如果不小心把医保卡插反，一定又会引起无端的骚动和恼怒吧。

　　窗帘虚浮地攒动，玻璃窗上重叠着半透明的影子。鬼魂被衣架挂起，床单自缢。

　　这是紊乱的季节，大自然的性倒错，床单上饼干甜咸交加的跳蚤，脚上错穿着袜子的长短参差。

　　柑橘白色的脉络是那些口中垂涎，然后滴往水塘成蟾蜍的黏液，一直联系未来蛙鸣腹部如同音响鼓胀，

　　好美的季节，人生中有几次这样的季节呢？

　　我大脑中从耳洞吹出迷惘和懵懂的气流，手指蓝青的叶脉，输送肉虫的。

　　以往的春天，我已然忘却，旧时我的心胸像衣柜一样宽敞，春天在我脑中恸哭的作态。

　　累加在我身体里的，是骨龄，药剂和遗憾。

　　现在我的大脑对知识有排异反应，我局促地抖腿，以排解不安，到底怎么样我才能学会早睡早起，怎么才能让咬人的拉链松口？

11. 我好害怕睡觉

惺惺作态，红血丝过敏也是这个四字词的颜色，毛细血管像河床一样膨胀，

倒置喷剂像鱼钩一样，花心挤眉弄眼。

肺部气胸的呼吸和春天的花苞一样绽开，愿者上钩，

温度跌宕，发痒的毛衣，针织衫也不合身了，紧紧缠在身上，

春雨好热啊，慢慢在皮肤上变冷了，

春雨像霰弹一样打在我皮肤上……暴雨有嘹亮嗓音，从云层的田地里不作噤声，水在地球的循环。

气温是什么时候回暖的，又是什么时候骤跌的，摔得比股票还要惨的，我遥想着它会不会痛，气流会流出冷蓝色血，把天空染指成静穆？

每一个春天，我都忘记了，

我睡倒在春天的怀抱里，春天的酥胸上，春天小憩而呼吸的小腹上，春天是大自然的子宫吗？

我亲爱的，暗黑的手指同我的指尖缠绵，

死亡谄媚地引诱我，霓虹灯点亮，游船会运往几个彼岸？温凉的霰弹在皮肤的凹陷里面春肉泥，

我亲爱的，我好害怕，我不安，悸动，我的心为你颤抖，

可笑的春心萌动，集市收摊时，塑料红盆里鱼虾迎着雨点弹跳，铁餐盘上面徒劳的划痕，寥寥得像是有意割伤。

我想抓着你的手走向未来，无边的白茫茫，或是漆黑的扑朔迷离。

我亲爱的，春天是兔子的脚啊，春天要躁动地向我走来

白羽

了，佻薄的会向任一个土壤和沙漠索取，剪刀的手指切剪面颊。

春天好像一个躁郁症病人啊，花痴也是青春病的乱蝶蔽日，无所谓是幻痛还是生长痛，一切疾风都汇入血流惠泽全身，

雨水滴落在我头顶了，那是春天痴傻的涎水，含羞草一样的瑟缩花痴病的手指，春天生着娇媚的红润指尖。

从屋檐上，这爱慕虚荣的涎水光临我了，

我亲爱的，我好害怕睡觉啊，我又说起这回事，只是愿你记得这些困顿和人生如仕途错落作山峰，

在这即将到临的，新的春天，

我想和你一起，采撷鹅黄的新芽。

12.不要怜悯我,请爱我吧

by Nicolas Delano Lorraine

  噩梦,又是噩梦,如果说这是一个大千,大千里的刹那又翻浆着泥水,裹挟着秽物,

  有盖世太保,巡逻犬吠叫,把日出哄闹得嘹亮,

  抬起拳头没有碗口大,教室里等待着处分到来,处分砸了我的饭碗。

  等待着那些尖酸的眼,嗫嚅的肉虫,嘴唇里"哧哧"漏气的嗤笑,喊?还能有什么花头?

  蚕一样的双唇,蠕动着那些薄凉情义,我的作业借给谁作抄袭,倒欠了谁的万两白银。

  皮肤上的血痕,撕裂伤布满咽喉,干痒在我身体里迷走,这些盐腌的风吹草拂。

  掌纹里鲜血充溢,走过了每个可能性的路径,乱麻错乱缠斗,艳亮地拍了肩头,电话弹窗高歌恐惧,

  我击打自己的额头,确信这是在做梦,这是梦,我确信,

白羽

　　额头肿痛，你在路口的转角突然出现，对不起，坚强的诺言，对不起，瑟缩的碎碎念，
　　可是我是断弦的弓，我是紧绷的音符，
　　那些挪移的飞梭，不坚挺的纺车，
　　笔尖甩动圆弧，签字笔横跨流星，我的可能性不在一百分鲜红的缺口，豁口里面容纳缺席的家长会，缺席的双双出现在我的兄弟那边，
　　被赋予的理所应当，我被指派到瘴气的糊涂地，先赋的已经无法抉择？
　　镣铐啊，银器也要生锈，磨坊里的牲口是否望着黑纱朦胧里的晴天。
　　有爱的，像是文艺评论里女主角，约瑟芬皇后笼罩的福讯，幸福的薄纱是迷雾的交际花，
　　雷霆击破天幕，骤然蹙起眉，号哭和讨饶，孩童不知分寸，暴风雨绵延拖沓至山岗，乞求也一直拉长直至皮筋断裂，镣铐和发绳连天。
　　我声带里迸射的锯末，星点的原木雀斑。
　　不该落下的在我身上，背上和膝上，眼睛和桌角的关系，斜视和弱视的机理。
　　林林总总，我细数文具，餐具，断续哀鸣，再三潜抑，屋檐下面燕子的泥巢砸在地上，覆巢之下血肉模糊的膝盖。
　　我想拒绝一切，坐上一辆黑车，宰客师傅扒我衣裳血肉，我困在水晶球里撞断了反弓的脖子，
　　烫水倾落在大腿上，瞳仁颤抖，行星内核塌陷。
　　我好害怕丢失一切，砸碎的手机，背后仓库熙熙攘攘

12. 不要怜悯我，请爱我吧

的，过去的一切像是袖口里的木屑，一拥而上，堵塞了我的未来。

剥落，皮疹，住院和药物过敏，絮絮流淌，屋檐下面惰性的暴风雨，

纱布层层拆开，拨开茧和卵，抗生素，流脓红肿，跛脚前进的外交官先生，

那些发生的当下，我忘了哭泣，或许这就是麻木，后来我想起来，这些有如风雨砰然打击玻璃，

一个人锁在破院破屋，我可以看完一整本童话书，童话书，历史地图，科学杂志，

然后在端腔的像是唱戏的公开课上，满意地看到大人们舌根上面，扁桃体惊讶地战栗，臼齿凹槽里扣上愕然的榫卯结构。

路边招牌说：小鸟依人。

想起一句话："爱让人长出血肉。"流浪小猫啧啧啧地舔动羊奶，鼓鼓囊囊的小肚子，小猫要慢慢长胖，

那些可笑的缺席，随后好像每一步都走错了，请假自身就拖沓着嘘声、艳羡和现实主义的鞋跟。

打火机逗弄头发，然后又烧焦，勒索衣袋的胃，吐出头晕目眩，青黑眼袋，闷痛比柠檬更毒辣地拧皱了脸皮。

踢打和排挤，坏孩子，不负责的家长伸出手随地搭建猫狗收容所，外地人的小孩吐出舌头，地毯无赖泼皮。

创伤不会沉默低语，掌纹纹路在抚慰。

我再无法从现实醒来，恍若隔世的每一分秒，或许我会觉得摸头很像是在奖励家畜，

白羽

我细数着草莽老茧似肥厚却无福的劣根，非亲非故，为何要讨你开心颜？

彼时我摇头瞥见隆起的下巴和笑嘻嘻的眼角，药片掰碎，缺角月亮。

嘴角的细纹皱起来，拧皱的衬衫，我想那些都是写给猪狗的文字，下一个二十年内，想必我们也会学会驯狗，

我开始喜欢我以前不喜欢的，我有蓄着别人口水痰盂叫作幼稚病，置换的乳牙。

青睐电子游戏，手机，幼稚的退行，对毛绒玩具自说自话，担心睡在床边上的那只小熊会不会肚皮着凉，如意郎君。

伤心难过，手机键盘上却敲击出恶俗的聊天，情色的影片和书籍，额角撞破却和朱门呼应。

出去乱逛，花钱如流水，给空缺处填沙土，

我亲爱的，他们说我活该如此，我抬头只看见天地和我良心的愤懑，钻洞机的震颤和天那边悲恸的卷云，

这一切，精神病，药是我吃的，病是我看的，

与他们别无联系，他们撇得一干二净，

我亲爱的，他们说你活该如此……我脚踩松动的地板，吱嘎，这也是扰民，

不要怜悯我，请爱我吧，就当是我对你再三索求。

春天鼻翼两边沟壑，鱼尾里容纳的躁倦有肉红色的湿润，生着玫瑰色的毛孔在呼吸。

金绿色法国梧桐的落叶，想和你把那些曾经遗漏的春天尽数捡起。

13.诉说

by Nicolas Delano Lorraine

　　我欲发问，圆桌辩论场，滑溜溜地转动，鱼头献媚给东道主，

　　我兄弟的怪癖，他将一切都签上他的署名，

　　蜡笔碎成小段，指节的色彩绚丽，撕破纸衣，脏色也会让其凋零，印泥猪肝色，

　　猪肝色印在墙上嚼在嘴里，猪肝色血流如注，流溢在钢笔刺往我手心，

　　电器原件拼接成沟壑，流淌着，静静的，孩童的新血，产妇初乳和磕掉的幼牙，河水从沟壑川流，怪叫就是它的水声，汩汩涓涓都比不过牙牙学语，

　　菜肴摆盘，座上宾大快朵颐，狼和狈，叠压在一起的碎骨滓渣，

　　乖孩子，抚摸我的额头，小宠物，

　　我自己一点点从我的颅顶飞出来了，零碎的五感在哪个领域叫做不统整，破碎的皮肤和回路，刮去脸上的毛茸茸，黄毛丫头，到底是谁的爱宠圈养在闺房？

白羽

我跌下了楼梯，我总是有意摔落，娇嫩的一切是玫红色，

铅芯在我的眉骨常驻，乖孩子，咽下这些无味的蔬菜，无味的蔬菜是那些浑黄的眼。

咀嚼着这些萎靡的叶片，枯焦的，几近烧燎成碳粉。

在我口腔里染布，日本人的黑齿或是朋克黑唇，

褪色的口腔，枯黄而萎靡，这社会的蚜虫病，

我张着嘴，黑洞洞的口腔，我尝过板书白字尖啸的石灰色铁轨，

指甲油未干，附着在手足定死了胳膊肘和膝盖，哎，钉死在甲油胶、照灯咬人的蜗牛牙下面。

切牙或是尖牙，磨损的臼齿，乖顺的牦羊食草，舌头冷硬，嘴里吐出噩梦的形状，

我附议：噩梦的形状都是一样的，苍白无力痛击躯体，

狼来了，大作骚动却扑了个空，谎称实验音乐长着一个匹诺曹的长鼻，

你或许不记得他们的形状了，我也是，就像白雾里也难以寻得警示灯愤恨的红眼：：此路不通。

他们的雏形，噩梦是意识腹中的胎儿，

啃噬肌肉，黏液给呼吸道作黑色嫁衣，诡谲的梦魇也要化身黑影，在树杈可以落脚的地方栖居，

低吟，窒息，绵软的五体竟然掀不动被子，黑夜中那些雏形在蠕动，

电器插孔里的监视器，它对着望远镜闭上一只眼，床下匍匐的鬼影想要咬下另一个耳垂，有模有样地冒充了一个香吻。

13. 诉说

　　多少个夜里，我在恐惧中昏昏欲睡，幻想那些莎丽一样晃动的窗帘，是层层掀起睡眠的海波，滚动着倦意，

　　形似流动的魂灵，被风吹得膨胀鼓起，那些睡梦的妖精从耳道钻进脑里，灯光半睡半醒，黑夜像小腹咕咚咕咚……末班车将昨日的城市摔在身后。

　　梦魇里，我还是记得那个署名，同样的姓氏因为阴阳性岔开了两腿的道路，电铃咬断的音乐喉咙，纠葛不清的厮打，绳结皮球。

　　他的署名写在脱漆的白墙，肮脏的石灰粉末堆积在皮鞋尖，或许会被鞋油会覆盖，

　　呈在那些电视机的屏幕，从嘴里吹气一片风，然后沙尘袭面，

　　是那些父辈的夸耀，夸耀他孩子胯下的生殖器，石祖，一个姓菲的东西。

　　蒸馏酒清脆撞击，两颗磕碰的小行星，凤凰庸俗地为此高声鸣叫，云锦衣裳求媚与欢，

　　他们也会大声嗤笑，恶俗的性暗示，我不聪明的一百分和我兄弟聪明的不及格。

　　主座那边，话语同烟酒比翼齐飞，和一团篝火一样烧得噼里啪啦，噼里啪啦的口水和扁桃体结石，双胞胎的口臭。

　　碗橱里的缺牙的瓷碗，线列阵，泡沫肮脏地显露出洗洁精的彩色弧面，这个家为女人们安置了废用的洗碗机，

　　滤网上面的米粒，残羹剩饭一片狼藉。

　　乖孩子，我知道要赔笑脸，我知道嘴角勾起的那个角叫笑窝，是玩笑和打肿脸的撑船胖子气量。

白羽

不能任性，尖利牙齿咽下吹水的世俗，咽下这些脂和膏，把尖锐的骨头连同反骨吐掉，

桌布油腻，碗碟堆放，送给母亲拖把清洗剂，婚礼红毯白纱裙卷起数年后菜叶脏污。

弃去的，那些堵塞下水道的烂菜叶，吐掉的反骨我都拾起来，把那些"三好"撕烂，火药味的烟花从嘴里唾沫喷射，

后来的宴席，那些请帖，我置之不理，欠我的赞许是一个最幽默的笑话，第一名的位置哪有第一性宽广，惨无人道，白齿半裸。

破洞的桌布就视作证婚人的礼服，

精神分析，文艺批判，后现代或前现代，侥幸的被规训暗自窃喜，

我的诗歌、爱和反抗都是嘴上功夫，新生的氧化老旧了，成熟知性的皲裂，写着风霜的占卜符号，膏肓的利害关系，恶俗和世俗唇齿相依。

我听够了这些辞藻，反复剖析，拳头砰的砸破玻璃和宴席，

有一天他们会不会要问我和一个陌路的男人，生汤圆和熟汤圆的问题，酱色浇汁，酱色的一团糨糊，

我扭头就跑，我破碎的生活，在体检报告和成绩单，检疫猪肉那边被车裂，

药丸，片剂，喝多少水也咽不下去的噎饼干，我的安全感就像桌子边上的鸡蛋一样。皮脂腺的味道。

从灯火通明下面滚出去，夜晚梦魇的手捂住口鼻，人造蒙古斑。

13. 诉说

　　我吐露的真情有多真切，最后都会得来刺伤的回馈，我遐想，浮想联翩，汤圆暖融融地漏泄。狐狸尾巴。

　　我有弥赛亚一样的自作多情。嬉戏和戏谑，我写下这些东西，作出否定的回答。

　　不合时宜地学会的任性，应当尽数清点过后逐一收起，

　　一切会化作成蜇伤，那我宁愿远离蜂群，

　　我无法检索，我看见很多个身份啊，学生，诗人，夸夸其谈的眼眉，挑起言语山峰，

　　我的膝盖承接了挖开的地板，石刑的字块的投掷的堆积，

　　假作投篮，投出去一捧空手，收获女孩和嬉笑，讥讽的，篮筐一样高，虚报身高的沾沾自喜。

　　堵塞了咽喉，有些东西不是体温，并不会被风带过，我把自己困在房间里，就像命运于我堵塞了未来一般，顺手带上门。

　　我已经错失了能够无愧的年纪，

　　这些秘密，我只能藏在心底，我不知道要向谁诉说了，

　　闹剧一般的，碎裂一地水浆迸射，诗歌也提不起肌无力的眼皮，痴心妄想的，诗文精品店，肌无力也美目盼兮。

　　我要睡在床头灯的雨衣下面，迷思的，光滴落在我脸上。

14.果核

by Nicolas Delano Lorraine

    肿胀的浆果，那些唇一样春天红熟的吻，
    褪去生青，金橘悬挂在系带侧边，美妙的腰间铃，
    曳动，风由她拨弄，挑逗着那些青壮年的夜幕，
    紫黑色的夜长久地低吼，镀银的光泽颤抖着滑行，雪的气孔承载了将来和往昔，疏松踏歌在高粱玉米咬合间，
    我伸出一只脚尖，雪是早春丰腴的乳房，气孔输送，自然的肺在回暖里泡胀，
    我自诩是天寒地冻里，吸着鼻涕的第一个人类信使，白雪册封在针织帽帽顶上。
    冰层下鱼拧着满身肥膘，银油滚动，沸油范铸下空心的冰喉，
    目光在荒野扫荡，田埂之于土地，田埂是那些隆起的舌头，在求生之后秸秆的余温捂热着更替，牙龈也歇息，
    我要逃离风寒，棕红的黏土挽留脚掌，如胶似漆，喉咙里嘶嘶的热气，雪也滚烫，

14.果核

哦,她的化身,不是孩童,更并非娇嗔,亵渎笑不露齿的贞洁规矩,稳健的鞋印踏下一个深坑,龅牙猛烈地嘲弄,

光临每个过客,社会矫饰的轻浮,情郎眷侣互相怜惜,破绽黏和在煤和青砖的糯米,青黄,我一切都像好好看仔细。

枪茧洒在手掌的山丘状隆起,皲裂的掌心的流入融雪,稀稀落落的,河川不再封心,指甲里嵌泥,

吻落在无垠旷野的第一枚雪,抚弄雪盖,安眠摇篮曲,与天交接,春泥将乳汁衔在下巴上,鞋履底下拓印牵连不清,

我笑道:他们也懂得连坐和驾驭的道理?

雪盖是云层焙烤,那些气孔携带着诞生的祝福,分娩的贺词同样随着暖意消融,我耳垂上冻红了他们的古文唱腔,

哦,要溶解在泥里,吻那些悸动着增生的根,

天际线送来眼波与树梢流连,踱步又嬉闹,小舌颤音颤抖,莺鸟和风筝周旋,

我亲爱的,喜悦的日子,我膝盖上坐着,季节冰镇小孩子的红鼻头,

踩着雪国的烫地板,夏天的煎烤脚掌与肉垫。

那些喜悦将要到临,像是碳酸饮料的气泡在舌尖嗳噷,辛辣弹跳的气泡,毛衣的静电。

那些庆典的花火,推杯换盏,虚伪的手指弹奏赤裸的舞蹈,宴席菜品像人嘴喷吐白气。

酸涩的生青,脚的收腰裙旁边隆起的小山峰,堆起秋冬天沤肥的柿子,

白羽

　　胸腔里泵在灌血，搏动着，阳光穿梭枝丫流窜，时针从阴影里直立，列车碾过阳光，吞没在夕阳那边，阵列金色的鱼鳞。

　　金丝的黄狗，太阳挪移，太阳偏折，摇头晃脑，风挠动我的耳廓，

　　衣里跳动着瘙痒，气流是那些无孔不入的跳蚤，跳蚤们对春讯流言蜚语，因为福音喜极而疯，

　　雨后灰尘会沉淀在泥洼，泥洼会筑成鸟雀的巢，

　　那些喜悦的日子，呼唤，一道绚丽的影子从我意识里滑过，脚下溪水涓涓细语，

　　涅槃，一次次化成相似的魂灵，如字眼一般平实端正，榆钱在自由市场上无法以物易青葱。

　　那些乡野车站邂逅的农妇，是野猫，是棉皮里盛开的一朵白，

　　别离，吐息吹响长笛，那些尖利和破裂的声音掀动桑林的浪，消化在耳蜗里，

　　那些聋耳的野蚕不会驻足倾听，笛声在林间踱步，在旅人耳边吹气，在农人耳畔吐息，

　　贯穿低矮的桥洞，简陋的运船生锈斑驳，

　　启动烟囱预热下一场战役，嘶哑地唱着，为芦苇思索和蒲草忧虑而讴歌，

　　作那些简陋的赞辞，吐着尼古丁一样的灰烟，愁思所在即是我的身影所在。

　　船底下是那些生长着绿藻的河流，胶鞋在驼背上驻留，我看见附生的藤壶和船蛆，慢慢泛滥，

14. 果核

慢慢爬满我的腰梢，就像那些焦虑的插卡电话，庸碌的兔子跺脚，天牛要破开真皮层，受害的苦楝和鹅黄的籽实，只能穿好干瘪吸腮的丧衣，

黏腻的瓷砖不会反光，擦拭出歪斜的眼睛，流感和气温一样在人潮里跌宕。

潮汐如羽毛轻挠末梢，泥潭上的猫不愿意染湿了脚，它同水的嬉戏，看望深渊，懵懂却无畏，

它面对深水无所畏惧，

河水里，呵呵地笑着折出下半张脸上一条鲤鱼尾欢愉地扑腾。

我亲爱的，我有些痴妄，因为柳絮不会被慈母纳作新衣，竹笋的祸根在脚心下面顶动，鼹鼠拔高。

我踢开黏滞的春泥，双脚浸湿在泥洼，这里一定有，一定有幸福的音讯。

春天，春天的躁郁，她的焦虑，她会坐在书桌前持笔，她的肆意涂抹也成书卷，

春天从那些青肿的伤痕里疗愈过来，

春天会含泪微笑，春天拾起自己掉落的欢愉，

她会酒精中毒，会欣快难安，立在自己战栗的足尖，她边缘，

春天，她要逃往新的季节。

15.平面代数几何教学大纲

by Nicolas Delano Lorraine

  赤红的卷心菜不是甘蓝，虽然我也说不清，界门纲目，膝跳反射的口诀，
  玫瑰蜷紧的春蕾怀抱婴孩，撕碎又展露，把那些陈旧的外层剥落，
  我浏览过，网站，连接，参差和不平均，
  斑秃的黄草是土地警醒的豹皮，枯黄颓然惨笑，层层叠叠的被铁锹铲起，披上豹皮的那位极速逃离，
  身边流淌的河，波澜疾行，青蓝的是天的静脉河，缠在我脚腕上的血管有着一样波涛而奔流，
  桡骨上的跳蚤抽动弹跳，心脏从不歇脚，血流川流脉冲，也有着"咕咚"的弹跳，
  荒草湿软，黄发覆盖在春日的后颈，
  草地浅根里的小虫跳动或流窜，它像土地的精灵，
  潜藏在冬日，在那些死寂的日子里斑斑点点，
  车胎碾不碎，又从那些雪盖下逃逸，把那些零碎的勃发揽入窄小的怀中，

15.平面代数几何教学大纲

  土壤发根枯槁，板结的沙砾摩挲着脸颊，贴面礼，挠着乡野孩童脚心发笑的痒，我听见春天栖居那些国道旁，山脉隆起地的筋骨，

  呼吸着那些污秽的脏气，我亲爱的，肺腑里我是天地的净化。

  那些脏污的浸泡在温热的春天里，搅散蛋清和稠厚如粥的雾气，近视眼。

  那是药物反应，唑吡坦，陈旧的药方被翻新，深层的黑土伺机大口喘息，意识在颅内的新世纪横行，

  路漫漫，公路地龙一样绵延，山坡缓慢升起，她将我高高抬起，

  路漫漫，洗净的柏油路是崭新的黑，天空对我翻起白眼，

  路灯眼珠窥探，昏黄的，长青的灌木是公路的绲边，一路走着，也有着净化的本事，灌木丛长着一身透气艰难的网筛，

  神游之后像爱丽丝一般，抽离，我的魂灵落在这城镇的一隅，仙境故事把这些伊西斯的寻宝在河道那边聚拢，

  时而粉碎，如同一汪群岛的涣散，寻宝故事。

  床单上的便溺，失禁，五体蜷曲，手脚被缚为虫茧，

  茧蛹里的泥水伺机而动，蚕蛾翅膀上的眼睛是多目的孔雀翎羽，

  毛骨悚然，尾屏上警醒成我抖擞的肩膀，汤勺和餐桌刺耳哀鸣，汤药和泥沙同样的善于浑水摸鱼，

白羽

我坐在那里，餐桌上泥水一样污浊的速溶咖啡，叮叮当当，爱丽丝解数学题。

铁勺搅动我的大脑，喝了一口，恍惚之间铁勺挖取血肉，圣光像是汤勺边一样，光润的瓷色。

肺腑错位，在腹腔里煮沸成一锅肉羹，我没心没肺地说，给我分一杯，

我看见他点石成金，欣喜流落在金属裙衣边化为鎏金，我坐在花园里，阴影里的石榴树是恶俗布局的一个人情，那些石榴不会咧嘴讽喻，

黑影敲掉它玫瑰色的门牙，似笑转而痛苦，激流迂回，脉络的网是否能比做断裂的牙神经，

哦，根管手术……嘶嘶抽痛。

花卉折腰，又抬起骄傲的下巴，攀缘不上那些筑成篱笆的高耸铁矛，墙体拄拐杖一样从水泥上栽一根铁矛，

天空有铁餐盘一样的瘢痕，咻咻的吹气，愈合的声音，快要抠破松毛虫模样的结痂，铁矛的罪过。

枯黄的绲边显示烧根的毛病，

我想这些花草也活得浑浑噩噩，索然无味，铁矛什么时候能把内敌驱散？

我吃着嘴里的东西，切牙在生嚼自己。

太阳垂坠到西边，云层里迸发那些喜讯的橙红，三足的鸟啃噬轻咬天空，纸一样空旷又苍白的脸，

那对看不见的雕花椅子，金属菟丝子，早春的寒和滚烫夕阳犬牙交错，

15. 平面代数几何教学大纲

多愁善感，掺在金属白亮的眼神光，血橙色的口舌生津。

交谈的词句下沉，瓷杯里暗沉的茶沫在给被子镶边，橘猫坐在他膝上，茶叶簌簌落落。

身边的荒凉化成繁花，早春诞下的圣子蓬勃成长，

他要回归，这奇遇的暂别，我走上深窟一样盘旋的楼梯，醉步一样踉跄地前行，我一脚踩空，

他的搀扶，他向我微笑，

我亲爱的，这些是否真切，我分不太清，但我确信的是，我的流泪和爱，还悲剧如鲜红手臂的悲怆是最为鲜活，

我身体里那些微小的颤抖，魂灵的癫痫，洪钟声如同海波，癫狂的暗流朝我扑面袭来，

下坠拉扯，纠缠了心脏的水藻，磕伤了我脚趾的暗礁，

春雨的不安撕裂了蛛网，炽热的手，蜘蛛依附残体上那些畏缩，不依不饶的，银白的网牵连了那些春天的唾液，

树冠思绪一样的断开，白猫耳聋，我迷恋的化工原料，汽油味的吸气，和菠萝一样扎人。

亢进，我倦怠的安眠，白猫蓝色的一只眼睛，瞳孔细如针尖，

我好轻，我的身体轻快得像是空的，空壳，陈旧更新以后要起舞，酒宴上鸿门宴，指节上脉搏和关节一同周旋，

猫有倒勾的舌头，在舔食羊奶上面粗糙的灯光，汁水四溅，

对啊，我是被那些铁勺挖空了的，我的内在腐烂了，

白羽

泥泞地涂在我房间的墙纸，瓷砖上隆起隧道，多腿的透明蜈蚣。

甜蜜着腐烂的蜜糖和米粒，用鼠类的舌舔舐，卷走嘴角那些干哕的甜腻，细长地剥落。

鞋底的鸭子叫显得粗糙，呼吸，争抢，毛衣针一样的，是那些密不透风的人墙，我无法呼吸，在水汽的春天里，

心口闷痛，流连在那些幻象里，流连在桡骨的刀口上破土的天牛上，

肮脏的甲壳，甲壳上的绒毛，

我亲爱的……我咿呀学语，咽喉那边，哼着散布的你痕迹的长诗，你被丢弃在哪边的河道里呢……借着河水的鲤鱼腮在沉浮，呢喃的气泡，江水粼粼，游动着鱼的肥膘。

春天的蓓蕾浸湿在春天的泪雨里，春天飘飘悠悠地哼着那些花火，那花火是糖里的碳酸在载歌载舞，

雷声是春天的枪响，苔藓是春天的泪痕，

嗅着这潮湿，醉酒步态的，走向湿热又寒凉的雨里。

16.薄凉

by Nicolas Delano Lorraine

仰倒在土路被阵痛怀抱,电流流窜,将那些细小的手,疼痛的口器探向筋膜,猝然的,传递酸橙的内核,

"振作"这件事,对我好似嚼蜡一样无味,如果说得难听,怕是泼皮无赖,对良药建立了耐受。

我从父辈的那些暴怒里窥得他的些许,我的掌心领略过,这个符号会化作粘连的音节呜呜哭泣,

它会成为蜗牛壳里的粥状,粥状的黏液从唇上向下蜿蜒,

振作积攒在我眼角,侧躺的时候濡湿了枕巾,又堵塞我的喉咙,

恰恰最好的比喻就是,鳗鲡的鱼刺轻轻地刺向硬腭,在咀嚼的时刻直击要害,河蚌里脏污的沙砾吗?河蚌的碗边锣鼓喧天,雷雨落下马蹄。

我知道长辈们那些期许,在某个不恰当的例子里,女人被隐藏了,所以只成了我讲的"男人的故事"。

白羽

这些推脱诞下的冗余，把这些污泥的冗余闯进他们孩子的口腔，

新生的职责，将这一切的污秽尽数胞吞，英年流逝如济慈，江水和大漠同样的苍茫，

父辈们对这视为异物避之不语，他们传承前人所遗落的，拾起枯骨的能髓，灼痛的，

我回忆那些幼儿的啼哭，育儿所里成年的呵斥，托班的门板上的水粉颜料板结皲裂，无数次路过幼儿园，回忆还是呆板地矗立在那里，

脸颊皴裂，北风刮痧化作破损的红脸，那些分离焦虑，像婴儿啼哭到干哕，冻疮消弭，康复学。

可笑的嗝声是那些音节的连字符，水箱里河蚌吐着泡沫，

泡沫一点点上浮，就像鼻涕的泡沫一样破裂了，

我未曾了解它是否有破裂的音色，是否清脆，沉闷或是不语，这些于我无能为力，

轰鸣的气泵，阀门明红警示，我是关不掉它们，就像那些大人的讥讽，猫和插座孔的对白。

自体对我说，成熟的道德主义，排除阻碍的巨石，西西弗斯破开死局，学步车。

那些孩子吐不出珍珠，从他们口中掏出来的只会是爆发的咳嗽和咯血的痰，这当然是理所当然，

不得不兑现的诺言，用空头支票来交易，

我当然也是吐不出珍珠的，当然是痴人说梦，

16. 薄凉

那些河床的淤泥被咽下之后,会挤压内脏的位置,辛辣的瓦砾都吞到胃里,紧拥入怀,吐不出来就凝结外化。

我这些排异过敏,它是肉红的皮疹,气管狭窄,

是那些胃酸反流,废用的精神官能症术语,

顽童一样的,锥体外系让我看见了舌苔无色的舌,斜颈像一个歪斜的三角形,这个形状流着涎水口腔抽动,圆钝的人疯癫的有棱有角,脸皮和柿子对比涩与洗衣粉。

曾经吞下的色彩从我身体里汹涌的逃出,叫嚣着歇斯底,污名化子宫。

撕扯头皮,又扣挖着充血的眼睛,叹,我真后悔自己不是真的又聋又瞎,扒我一层皮才被放过。

我的一切体液,曾经咽下的所有的,化作血水的蜗牛壳向里全部井喷,

谬误的种子无法诞生强健的茎叶,人的嘴里不会吐出带血的珍珠。

我躺在那里,成了剖开身边的人流的一块顽固礁石,我是最小的病灶,一颗结石在一艘名叫"家庭"的皮鞋里。

请允许我做些许暂歇吧,我听到他们说那些荣光被我亲手擦拭殆尽,一刻都不能歇脚。

遗老身上,我困惑在他的加龄臭,我只觉得他们像锅里的鱼,"因为无法忘记爱和荣耀才让我心如刀割"。

而我是莫比乌斯环上的蚂蚁,我记得我这么写过,后来被矫正了,这是个错误的比喻。

我知道这社会不是地狱,这人间自有真情,我写在更正栏,要写一个"蚂蚁"的新词句,昂首向上。

白羽

但是亲爱的，我知道就是因为这里有些许的缝隙，才让侥幸的希望才会如酵母滋长，比我的学业还要一气呵成，蒸笼上饱腹。

才让我有了幼稚的人道主义和理想主义，气球一样的越来越高升，最后在天空中爆炸，喘歇的片刻吸入了迷魂药和砒霜。

我回到屋里的时候，窗户上的白渍，我以为那是雪像玻璃上生发的霉点，

我对雪的误解，隆冬，我想着这些理想浪漫，即使我一早上就因谩骂而哭泣。

气温骤降了，屋檐下挂着排排冰锥，鲨鱼的利齿在彩排，

我知道春寒的时候，那些熄灭的渴望，会再次复活。

17.海波

by Nicolas Delano Lorraine

　　我未曾见过那些海面上颤抖的波涛，东南西北，有哪个方向可以通往安生？

　　那些活物一般的风帆，它苍白的小腹鼓动，

　　翕动的，风吻它光洁的手背，海波嬉笑着嘲讽那些湿润的交欢的手掌，

　　无味的汗液让那些风帆垂坠，饱含了泪的白纱，啜泣的未婚妻将要成为悲剧的新娘，

　　青金石色的蓝袍覆在膝上，玷污它肮脏的泪水，洇开成深黑的普蓝，

　　眼泪颤抖着绸缎的光华，颤抖着那些罪人的喉音，滑动在喉结，

　　那是脖颈上的软骨形同飞梭，

　　竖立在女人咽喉里的陈旧纺锤，扯动的清脆，纺织娘尖锐的血，尖锐的，红色狼疮在白皮的破损。

　　动脉里涌动的朱红，它在刀具的腰际缠绕，令普罗米修斯受难的恶鹰盘旋在崎岖的山岩，

白羽

　　朱红亲吻那些尖锐的唇，那银白的唇抹上胭脂，赐予了一个个增生在皮肤上深色的吻，

　　皮层上一个隆起的通往死亡的桥，附生着青色的藤壶，这些都是切片的我将要送别，

　　它是一个没落的驿站，将流尽耗竭的温热转录成熔炉里涌动的岩浆，冰冷在圣诞奏响送别歌声的杨柳条，

　　缠绵的情郎抱着我，他舔舐那些缺位牙齿身下的粉红，稚嫩的粉红，小女孩商场里面的纱裙蹦蹦跳跳，

　　受伤的牙床也在畏缩着也饥渴着肚肠，

　　怀抱着我，摘下那些套在脖子上的死亡，那不存在，这里没有纵横的房梁，

　　海面在虚张声势，风帆饱吸了寡淡的泪，鞋底咸浪满心澎湃。

　　我躲避他灵活的脚，我心底的情与爱当时要漂浮在江面上，浮标摇摇晃晃，不会踩到他的脚趾，一直周旋，走向被流放的旷野，是那些童话里姑娘被砍下的包裹着红舞鞋的脚，

　　洒落的朱红会变成牡丹，它会化作知更鸟的前胸，在遥远的欧亚大陆比翼齐飞，

　　嘴角自顾自地微笑着，那些相握的手掌，抚弄我皮肤的钟乳石色的指甲，眼睛的神采又一次流动。

　　圆钝的不会把皮层切割，扇贝眼皮里面柔嫩的内里，白日伸长是水鸟的喙要啄食，出埃及记。

　　温和的送气，和煦的夏末夜晚吹在我颈窝，错乱焦虑的手把那些旧事遗落，

17. 海波

　　我亲爱的，我并不记得太多，我挥舞着手臂，肩膀酸痛，这只老旧的毛笔在描摹很多我看不懂的不可名状，风篡取着我的生息，嘲笑着颓唐的衣袋，

　　流转的气流拨弄罗盘，天空霾灰看不见指南的北斗星，昨日天空飘过嘴唇的红云。

　　我破碎崩裂不成文章体统，含胸驼背本来的样子，恐惧流淌的血，

　　在家门口迷路，坐反列车，被黑夜拖拽搪塞，鞋尖到鞋跟来回了几百米的长蛇，

　　流淌着，那些泥泞的奚落里，嬉笑的男孩的嘲弄，衣料紧缚着中空的焦虑，窘迫的骨骼样式，吱嘎抵抗。

　　我在两端之间逃离，围猎里的羊惶恐恐徘徊，

　　牙龈反刍，胃酸横溢，吐息之间鱼腥味挥之不去，鱼鳃的红是炎症渗入牙龈，我躺下，浑身的骨骼吱嘎作响。

　　我亲爱的，我睡前的幻觉，梦中呐喊的惊厥，海啸，隧道，纸巾盒拾掇着酥皮，

　　眼睑垂落，睡梦是生命的暂歇，它也是可以抛下的死亡，笔尖暂且地盖上，磕嘣如灵石崩裂，

　　它会在夜幕白昼或是黄昏，升起一道消失在云端的彩虹，

　　我会在梦里见到你，打消那些诱惑我的，牙齿歪斜将要被矫正，骤然闪动的雷电劈开惨烈天空的白剑，这些也会在梦中被删去，

　　我曾想，为什么年轮和恒牙不能被格式化。

　　那些炽烈的刀刃灼伤我，流脓的水泡和红疹，你会抓

白羽

住我的双手吗？幼年我就期待着冻疮的愈合是春天的新绿茫茫，

手指上酒窝微笑作答，也不诉说有形，嘴角上面在吹息……我还记得冻疮药，手指上面以人身为燃料的燃烧。

如同飘落的羽毛，我要温柔地拥抱你，轻轻地怀抱着你，温热的羽绒一般的，流逝的体温要逐渐积蓄，

堆积在前胸，填满了凹陷的泪沟，

你的面容我眼里闪动，像重叠的胶片被烟头灼伤，断裂的长镜头，

我亲爱的，叹气，命运是一条单行道啊，松鼠捡拾着松果，期望能够果腹，有缘人的花藤也已经出墙，

我嗅着那些遗落的气息，陈旧，被早晨日光晾晒过的香甜，细碎地蜷缩在地板缝隙里，一个倦怠的初恋，洒在地板上，糖浆黏黏腻腻，安抚木材的小儿夜咳，

将那些他人不可承受的，与你逐一吐露。

18.半碗汤

by Nicolas Delano Lorraine

让我喘口气吧,从那些如同徭役招募考生,

轻咳会悄悄地撕裂咽喉,干痒的喉咙,杜鹃并不圆滑地啼血,

尖利的,尖利的,贫乏的话题还要复述多少次,那些深色的斑点被我手动码在答题卡上,石墨的污渍是我手掌里的牌,香蕉脱离涩口,黄斑的布道。

赌博游戏,占卜卡片,骰子在讲台前摇晃,哗啦啦,幸运狗儿闻着肉香抛摔吹骨笛,溜须拍马。

尖锐的闹铃,它悄悄刺破雨天鼓胀的膜,那濡湿的头发和唇,踩过水洼鞋底瘙痒的泥浆,

积水是柏油色的,灵活的地面径流有时也是铺路石的多彩而寡淡,

圆润的鹅卵石,隆起的额头按摩我的脚掌,推拿手法,

我走在道路一边的镶边,平整白边是一道僵硬的蕾丝,粗制滥造的工业制品,无情地折磨着孩童的肩颈,

白羽

  荨麻疹啼哭的惊扰,我展开双手,鸿鹄断臂从空中坠落,

  纸飞机的尖头在地面磕碰,垂下了直挺的脖子和尖锐的颅骨,

  投掷着纸飞机的时光,于我不再切近,我未曾在结课日把试卷和教科书撕碎,

  不会翻滚着下楼,不会变成手中掷向玩闹,

  被同伴来回抛投,让一只手又一只手被砸得发热发烫,

  我把没收的手机重新抓在手里,夏日凌乱的湿热,我把这唯一的冰块抓在手里,冰块也是烫手得像热炭。

  脚下轻浮的黄泥是藕的思绪相连,填平了鞋底的沟壑,

  可笑的粗糙,防滑设计,这些于老手不屑一顾,黄泥在这里刁难过客和新人,一视同仁。

  它在这里讥讽和雨水灌入耳道,疼痛的跌倒大声流窜,扯落那些孩童的黄发,窃取了女人的耳环,

  皮鞋像只船一样倾覆,倒置的皮革饥饿的口腔,伸手要钱。

  手指扒着墙,潮湿的墙皮,石灰是干裂的白颜料,

  铝管窄小的开口,胶质顽强的咬住指纹,舔舐着反胃的温热,

  天还在下雨,我舍不得丢掉,学历和过往还有文章都囤积在身体里,

  雨落入我的眼睛里,我的头颅注铅作赌注,压垮了要从我的脖子上掉下来,

18. 半碗汤

最后那天,我什么也没吃,灯下面一碗汤大张湿润的口腔,

你还想知道我哪些?融化的三叉神经,偏头痛的眼球里的冰?

母亲,口红,血盆大口。

碗底的汤,黏稠的絮状蛋黄,碗底的柳絮堆积在路旁,春天的柳絮,也许会被太阳点燃,或许会燃烧,它会哭泣着散播悲痛的火星,

委身在要运往垃圾站的簸箕里,毛竹剐蹭路面好像真的要迸发出火花,

粗糙的声音已经分不清是哪方在哀鸣,趿拉鞋面,嘶哑地摩挲着农民的手掌,

我只记得那些柳絮被步步紧逼,竹梢没有勾火,它不会挑起那些毫无意义的战役,

她问我,你能考上吗?一辈子完了。

我不知道怎么回答,我看着嘴唇,弹簧和柳絮,捏造一个谎言,张口就来,脸不红心也不跳,我突然想什么人都咬。

我语言一样失真的承诺,摊开的手,空鞋子一样伸手要钱,我的承诺只在口头活着,

我走过那些阴郁的培训机构,我把幼师给我做手工的纸片反复折叠成废纸,要进行社会生活,脑子可以丢掉,但是手脚不行,

晨鸡和劳碌命,我想不出眼泪。

白羽

　　衬衫也丢在床单揉皱，像个包袱一样，果盘里腰果和虾子的问号弯钩。

　　我会行走在顶楼的房缘，站在棱角上，我知道剪取一个图形，不得不伤及边缘。

　　我说我的那些已经被毁掉了的东西，吓人的感情。

　　不，你不会被任何人毁掉，你的青春才刚刚开始，她和社会给我回音，抢答。

　　是啊，那为什么刚刚开始的东西会染上癌症呢，为什么出生的太阳和花苞会虐死昆虫，

　　又是因为什么，我会兜兜转转只能在这里和你说话？天空崩解着石榴皮。

　　猫儿向我撒娇，而我已不能为抚摸挪动手指，没有人为烂尾工程负责，她妈的，我惨笑着，责任只能压我一个人肩上，所有人的重量可不能我一个扛！

　　脱手的人生，便笺纸相比也鲜艳纷纭，洗手的泡沫胶劝和墙体和门框。

　　我亲爱的，我知道，我要很用力地听才能听懂你说话，实际上，任何人说话我都一样，口齿含糊得骂娘，

　　学习好工作都好难，大脑里的海马像是被晒成中药，歇业了好久的钢笔也喝醉了，辛酸的，茴香和八角的舌头。

　　双颊醉醺醺的红晕，我啜饮那些残忍，转录到纸面上，今天的太阳又在我耳畔挪移，穿溯耳洞窃走我的情绪。

　　在我怀抱里面荡秋千，揭开易拉罐下面的头皮，我温柔地瞧着那些脑损伤，罐头里面小鱼也睁开可爱也死板的眼睛。

18. 半碗汤

  我知道这些都一样,烂尾工程毫无疑问地落榜,却侥幸逃离了那个带给我梦魇的恶魔,眼皮下面盐水腌制歌剧的分幕,

  我撕咬着想要吻我的不幸,预感到在这样的天气里,一定在复苏之间有无数枯萎,蝴蝶在孩时就善于修剪园艺,弄的园丁满心凄凉糟蹋。

  残苞在我手心,枯黄的羽衣,泛红的尖端像是被垂暮染红,我不知道哪里是边界,红花就当是富贵人家的木门,

  烧焦的赭石大概是焦煳味,在舌根做长久的驻留,

  残苞裹着轻轻的防晒衣,躲避被阳光老化的命运,空壳据在手心里不知何时会飘飞,大概有在我手心破碎的这一定数吧。

  一颗名叫太阳的星星。

  我同样忧虑,情书真的适合写这些东西吗?

  我会看着,看着你,那些苦痛的,会化作尖针被我咽下。

白羽

19.偷情日记

by Nicolas Delano Lorraine

  剥落的子宫内膜,我嗅着它的味道,纸面上的油渍好像萤火虫,
  糜烂的酒曲,扩散的带着萤火的香气,油脂粘连了呼吸道,黏滑渗进了皮肤里溜走,
  手掌侧面剐蹭下来的,银凉的,或哑口的黑,油墨被薄薄削去一层果皮,果肉是我之蜜糖或他之砒霜。
  墨水尝起来很像芯片的涂层,机顶盒里也吃苦瓜,
  落在唇边上,在洗手液的揉搓里变成流泻的污水,
  翻动着脏污的泡沫停留在塞口,油垢嵌入梳齿,
  指甲张开尖牙,用来抓挠头皮,扯下的头发像细线一样作指纹的切割,
  螺旋里裹挟着汗液和盐分,紧蜷的花里的小虫,
  咸味的污秽,手背的褶皱,虫眼里和老媪的脸一样皱皮,好过癞皮狗。
  纵横的如同皲裂的地皮,手心,第四纪在我手背上再生,手背上面水草,夏天深色的汗毛,

19. 偷情日记

　　匍匐的腹皮贴在皮肤上,夏天透过它们呼吸着,那些会厌阻断的夏天,

　　空调吹气,冷饮萦绕了一身山腰的衣装,布局设下瓢泼大雨,

　　从那些毛发里向上呼吸,把指甲比作杏仁,人体末梢附生的贝壳,

　　我亲爱的,我在浴室看着我自己,畏畏缩缩的手指捏着乳房,就像偷情一样,

　　有时候我突然想起来,初潮的羞耻,车站里很安静,轨道摩擦是金属刚烈的低吼,

　　车站里冷气夺走鼻腔里的水分,空调钻进了衣缝里,热流吹凉,那些末梢消逝的被夺取,

　　坐立难安像是摆钟从一段向另一端徘徊,我听见攀谈也像偷情一样,窃声在耳畔嬉笑,

　　在车站和冷气一样冰冷的墙上撞击,恶作剧的游荡,

　　好像偷内衣,胸大无脑,把当众裙子掀起来,

　　耳朵贴着车站的墙壁,我听见里面大概是宇宙的噪声,墙壁内侧机器轰鸣,电流在耳道里弹跳,

　　气压吮吸着我的肩膀像是鱼唇,外耳迷宫。

　　高温的焦虑煮沸,我听到我身体里的吐气泡,好像居住了多少雨天缺水也缺氧的鱼,

　　翻腾的,最后向下流出来,流出来那些被体温沾湿的,

　　顺着腿敲打膝盖,激发膝跳的反射发生物实验,在脚踝侧边的隆起逆流而上,或是狡猾地让道,

白羽

　　偶遇魔鬼通体棕黑，大腿内侧的纹绣地毯，还有张开手风琴和竖琴，在内侧垒起两道松垮的皮肤，

　　皴裂还是撕扯的裂痕，都像手风琴一样的奏不出动听的乐章，

　　冬天脸上干涩的雪国红装。

　　我自己削的苹果有棱有角，果皮在嘴里咀嚼翻搅，

　　要叙事，说不清是无味还是苦涩，大抵是一张劣质的纸，索然无味，像是碎屑滞留在高速公路都服务区。

　　果蜡，太阳燃烛浇落暖融融的灯油，

　　草莓，成熟的阶梯，红色鞋跟。

　　生着粉末鱼鳞排布，片状的，米粒的光泽也比蜡像更亲切，苹果尤爱红衣新娘装。

　　焦黄被扎进这床锦被里，脏污的，棉絮吐着胆汁，金丝枕头轻狂的烂絮其中，思绪和安眠的脑电波同床异梦，

　　我嗅到果皮上流窜的小虫，它被拎着果柄在树上悬挂，老师提起小孩忤逆的耳垂，堆上叫唤声的尘土，

　　锈色的斑点的抖落，有声，也是果皮上的霉点占据就是一个八拍，钻进我耳洞，琥珀色张扬，亮光下面水蚁绕灯串作念珠，

　　叶片早衰，年轻人脸颊上无色的绒毛，

　　母亲说我化妆是毛桃涂粉，又羞又恼的，在催熟的季节里气血上涌。

　　毛桃有椰蓉般甜蜜的腮，嘴角叼冒失冲撞的软刺，我听见毛桃周身座椅或叶片的骚乱，她走过小巷时，绳子在她脸上叮咬地作法。

19. 偷情日记

冰糖心苹果，商人兜售里面凝胶一样的果肉，

我想，果酱涂在面包上能治愈清晨寒气刺破的豁口，

其实也是一个道理，大多是：早衰与早慧同形，害虫与蝴蝶同日而语，

齿舌里的甜蜜乖巧宜人，嘴甜的口蜜腹剑，

我有太多顾忌，风柔软的吹过我的鼻尖，

我却害怕它修饰了我的身形，我害怕乳房和宽大的胯，

含胸驼背，蜷缩得像是花心，要把自己献给那些新婚夜，

我不知情，禁忌的不明所以，或者说因为红盖头的混沌所以才是禁忌，满面红潮。

唉，女人的不可言说，脖纹系在脖子上，溢于言表。

有瑕，鲜活的像是搪瓷杯里油烟旁边铁勺筷出的半片猪油。

割不断喉咙，也绞不死一个人，这些道理明白的为时过晚，

我摸索着，焦虑早就雏形了然，小虫的肉麻。

静脉曲张在身体里埋下脉络，留置针为手背短暂的烙下青肿，如果说伤疤是功勋，那么青春痘又是什么？

低俗的笑话会从街角袭击，蛰伏在路灯边上，玩笑话和路灯有模有样的闪烁其词，伺机而动。

一个年长于父母的长辈吐出烟气脏污，爬满烟渍的口气堆积在牙根旁边，萎缩红肿，银牙被一股邪风催倒。

分外可笑的是，因为乳房和学历的关系是当下的热门话题，一张可悲的入场券，油痘肌干涩皮，逆天改命。

白羽

因为广告里会暗示口交,学生时代谈情说爱却像偷情一样,小广告飞来飞去,好像花柳是柳树品种,栽在河道边上。

我亲爱的,会有人因为牵手而处分你吗?有人会问你索要照片吗?

月亮蒙眬的眼睛看着我,但我不确定是天的哪边,

柑橘剥开了一半,花团里面皮开肉绽,汁水饱满,我决定继续下去,收割的季节已经走过。

20.有一天我们会在一起的

by Nicolas Delano Lorraine

有一天我们会在一起的，
那些巩膜，雾霭一样的蓝，
眼里会有哭泣的性红晕吧，
有一天我会自由自在地活着，
我想张开手，模仿游吟诗人，赝作虚伪的田园诗，
我会在街上狂奔，看见那些上下颠簸滚动在脚边的塑料瓶轻浮的，细微的看不安和呼吸，
我会看见一切从我眼前向后拖拽，
成为我身后一直绵延的光景和诗，
那些不必以丑为美，从双腿的夹缝里被鞋跟别过，
我想那些过往不再捡起，相握的手会变成捧花，
聚拢成不被锈斑病缀上炭粒的黑斑，
不必参加有意为之的同学聚会，
我会阖上窥探的窗户，我拥抱新风送来常开怀抱的手，
朱砂会褪色和脱落，我不知道是否有人为之补漆，

白羽

  我知道那些移情别恋，我不确定爱能否凑满半百的诗篇，
  总有一天我们会在一起，
  我说起这些，我不会被称作那些口无遮拦的婊子，
  无需隐瞒的，我和人说起这些，
  只会被当做疯狂和痴妄，
  但我知道，实际上这就是，
  一个痛苦的人甜蜜的妄言，红肿的眼睑里漆黑的眼珠，
  我会像白鸽一样落在屋檐上，我希望有些人再也找不到我，我再也不会是水果罐头里的糖浆吧！
  我时常想忘记一切，但是我不想忘记你，不想忘记我因谬误结识的好友，
  我不想失去痛苦缝隙里的欢笑，然而那些苦中作乐快逼得我疯了，
  因为留恋这些惨淡，所以我活了下去，
  因为怕死，所以我活了下去，
  因为我太过痴迷于自己，所以我爱你，
  我描上眉毛，我膨胀时而紧缩的胸腔，
  湿热的眼泪风干带来崭新的冰凉，
  新年说这些，一定不好受吧，
  我已经不想和任何人说，我头昏脑涨，
  我捡起树叶，叶脉和叶肉相依一起断裂，
  烟花在我耳边爆裂，今晚又会是噩梦吗？
  有时候我忘了想说什么，我经常忘记，
  所以写出了这些片状的，支离破碎的东西，

20. 有一天我们会在一起的

玻璃上有薄纱一样的人影,那是我肉色的影子,
两层重叠的虚影,一同抬起手臂,
我知道,我知道,
这一切痛苦的,一定会被忘却,
我这样欺蒙自己,也许那些砍断的指尖,切除的鼻息肉还有死掉的脑细胞都会长回来吧,
他们说手臂上疤痕像凉席,啊,那一定是肌腱一样隆起的,被编成一片的长草吧,
绵延铺陈,像是浙南的丘陵,
有一天我们会在一起吧,
我哭倒在床上,那些肿胀的,又在像床单上流淌的玉蟾蜍一样粗糙,
身体发热,不知是因为哭泣还是性,
不容许,不容许,藏匿,
寂寞的长草,会编在一起,
一定能弥补那些参差不齐,
在梦里一定不会把脚趾浸泡在尿液里,
如果能踏过无数个国界线,也许我一定不会再回去了,
我会有一个新的名字,我要自己有一个新的姓氏,
有一天我们会在一起的,一切床单,被套,我都抓在手里,
新年的夜里向月亮许愿,冰凉的自来水,会把眼泪洗去。

21.你将荼蘼

by Nicolas Delano Lorraine

我瞧见了你眼中的火彩,流溢在闪烁的泪光,

眼睑落下又要濡湿角膜,内眦充血膨胀,你眼里要流出指尖暗红的静脉血,

我翻动睡袍和地毯上的绒毛,在毛绒坎肩上就像松鼠的尾巴,

花将荼蘼,它裙边上浊黄色眼睑里的污垢,它曾像双唇含起初生的花蕾,

白露滚落,土壤的湿润无可复加,青黄的草冒犯鞋尖,挽留着,挽留着,脚心洇里开了瘙痒,

欧珀碎了会怎样,情人节腐烂的奶油会堆在透明包装盒上,

雷电从苍白的眼球里滚落到黛青色远山的腰际,滚落到潮湿的松针的罅隙里,

我吻着,留下一个油润的润唇膏的吻,你眼睛里闪动的雷霆和雨点,要把瞳孔冲刷而下,模糊的扩散,像是布帛上的污痕,

21. 你将荼蘼

　　我遗落在床边地板上的半只袖子，锁孔里的锈色比赭石要红，我把，被热水烧得赤红的脚漏到了浴缸里，

　　被水稀释了，我将流散开来，

　　顺着白刃藏进指尖，扣在你指缝里，我亲爱的，汗湿会交融然后冰冷，眼球下面凹陷的黑眼圈，

　　小憩会让这残忍的吻消逝吗？死亡落在我的黑眼珠下面，

　　我一定不会嗅到腐烂的气息，萦绕在花香里早已衰败，我嗅到白蚁呵呵的惨笑，戏闹，儿戏，

　　我一定会哈哈笑的，尽管我不知道这是怜惜还是嘲笑，癫痫的药片好像也会战栗，像是小儿发了高烧，

　　药盒盖子弹开，大概就是井喷吧，我走到很深很深的地方，是要塌方了，要把那些烂光了的东西埋起来，塌方里有地球尘肺的呼吸，

　　太过溢美就显得油腔滑调，太简朴又像不真诚，怎么先能掏出心肝？

　　每天早上起来，我记得你看花，窗台延伸像是吐出的舌苔，

　　雨点会打湿玫红色的味蕾或花，蜷曲的黑发铺开来，在枕巾上像是墨水落入清水，

　　漂亮的深色足腕蔓开，灰暗的天复刻在水面以下，

　　厚杯底会把他们都剪断，镶花的枕巾上面一定有过从眼里脱落的泪珠，化作染料的褪色，

　　宝蓝色布料上深色的乳晕，圣母的头巾包着一腔乱发，

白羽

　　一墙的蔷薇，太阳在东边闪烁，惨淡的风摇落了，我吸气，香气投怀送抱，馨香的轻纱底下我嗅到糜烂的味道，

　　哈，张开口腔，我嗅到的是情人节的体液，

　　复杂的相吻，一同腐烂在相握的手心里，我说，我把你杀死，撕碎。

　　吞吃入腹，模糊边界线是一种。

　　你将荼蘼，蔷薇本身是花束的虫害，滑稽的小丑把长条气球纠缠在一起，我看见你招蜂引蝶的前发好似半截面纱，就算我嗤笑你也听不到，多少人吃了你的迷魂药？

　　我亲爱的，情人节我会在街头被情侣淹没，一个人是不会被人群冲散的，

　　火彩会染上污垢，荼蘼的鲜花糜烂在泥里，会拧作一股在胸腔里爆裂，像是宫缩，你将荼蘼，这对我亲爱的你不过是一份死亡证明，

　　扑哧一声，讥讽地笑出来，将被这庸俗的香水味熏到头昏眼花，一股劲把写过的诗文全部打碎。

22.嗅着，嗅着

by Nicolas Delano Lorraine

脂肪，我看见血肉如同地壳分层，

将掏尽了肺腑，从肘关节内侧滑行到虎口，将掏出了为成型的鸡实，嗉袋里咽的屈辱的沙，

嗅着，嗅着，

割下泄殖腔温柔的污秽，胰腺和动脉是否相依，哦，生死的蚂蚱，吐的像米粒一样的卵，

我将看见浑黄的喙嘴里面短窄的食道，胆脾肿大是不是因为药剂，

褪尽的被羽将冲刷了一腔浑水，走一个回肠的蜿蜒，

将体热溶解在温水里，四溅在庭院的石砖，

嗅着，嗅着，肮脏的活力要被掳走，压寨的狗，懒猫还是小兔，

坐在了我不应坐的位置，禽类的臭不可闻，冬衣的羽绒在腋下呜咽，绒衣要庇护盘子里的禽肉，

春雨脚底下流溢的便溺，在鸡棚里，鸡咕咕的被羽下面每一层都压缩了禽臭。

我逃到房间里，看见天花板上垂落了几只阴冷手臂，足腕一样的晃动，风中秋千的轻浮摆荡，

白羽

　　我检查了很多次床底，

　　我反复擦洗污秽，皮肤紧绷是肥皂带来的，紧绷的手背和紧缩的指尖，收缩的小提琴弓要咬断琴弦，

　　垂挂在末梢的马鬃，飘然在摇曳里。

　　今天有被人欺负吗？今天会害怕什么？

　　双层磨砂玻璃里面一定夹着瘦长的白衣灵魂，匍匐在地板上，像蛇腹滑行，一定会舔舐那只伸出了被子的脚心，

　　嗅着，嗅着，危机四伏的气息，做了什么令人讨厌，话中有话阳奉阴违到底说了什么，低迷而无理取闹。

　　哦，绰号，讽刺的话语，开炮开炮，要给每个女孩的性价值排名，

　　我着急地哭出来，有鬼压在身上，大石碎胸口，跳脱地悬挂在字母"J"的鹰钩里，

　　我一定嗅到了猫的骚味，幔帐里面眷恋的无名夜风，发亮的电视导线接口，沙发端着皮质和猫咬的臂膀。

　　我嗅着，我想到我不能控制的，我想到你，好怕现实里有意或无端的绝情，脱落的牙齿里的矫正钉，脸上的表情蜕皮。

　　舌尖舔动水红色的甜腥，牙龈充血，大声哭泣。

　　你一说话，我就要哭得像发情的小猫一样了。

　　方塘里的金鱼，天空被教学楼切割成矩形，

　　踢门，碰撞，锁扣反复回弹直至崩裂，从手指缝隙的尽头迂回，再把脏污的泡沫流落，把眼泪滚落到下水道，

　　走进了发旋的漩涡，脑回沟的凹陷和大脑皮层褶皱得像缺水的多肉植物，性情，发旋的性格。

22. 嗅着，嗅着

我嗅着，嗅着，你的影子像水底荧光的鱼一样滑过去了，鱼尾曳着方池的衣角，涟漪和鱼尾一齐荡漾，

每个夜里都会梦到你，金线的穗子翩然起舞，要一直流连，一直流连，一直流连到谁对我的欺侮，

虚情假意，发情的母猫一样蹭着卧铺，或者说盆底肌什么的，抬升的身体中部，混淆了水渍和油迹。

我一定说不清是木僵还是迟钝，踩错了脚跟，看见两瓶矿泉水像恋人一样相依，

咒骂下沉，我会在意识模糊的上午前两节课，在幻觉里看到你，牙齿的白色幕布一片空白，我忘记写你的台词，

亢奋抢答，不安地抖腿，让所有人讨厌的插话，课桌，食堂里的长椅像面条一样被餐叉的犄角翻搅，铁皮猫尖利的用指甲挠黑板，

改不掉附着在墙漆里的恶习和不讨喜，冲撞喜气和婚宴，扯落桌布与随礼，

我语速太快了，不知道你会不会听不清……

你一定听不懂这些痴话，关于锁孔和钥匙的话题，或是胰腺和动脉的关系，

我会扯落一树的倦怠，倦怠会在我的肩头轻拍然后脱落，就当做是安抚或是请券，

哦，我要陷到柔软的枕头里了，一定要再到那里或是哪里躺在你的怀抱里了，

把床上玩偶都推下去给你让一个位置，

我要对你说，我亲爱的，晚安，春天。

23.看

by Nicolas Delano Lorraine

你要知道，我一直看着，

我呀，压在她舌头底下，我是舌苔青白，然后用痒粉饰的上牙膛，装腔作势，得意的身体虚胖，

从掉落的怀表里镶着你模糊的画像，像是张开的蚌，哦，我的眼睛藏在你的眼珠里，我看着，湛蓝的眼珠又像天的复明，水鸟啄食蚌里的甜羹。

被眼镜蹭掉的鼻梁里，那两只短窄的触角上遗落的素颜霜，腮红泥像是性红晕一样从双颊上被敲开，

从口袋里掏出了蜗牛味的纸巾。

看，在柜子后面真对讲台的插孔里，那里有我的眼睛，我在耳边用鼻子呼吸，我是干噎的胸口在吸气，

肋骨的怀抱在扩张，哦，我要拥抱你，吃一堑长一智，

褐色的眉粉，我画上去又蹭掉在捋了头发的手上，我把素颜霜蹭掉了，蹭掉在我受伤的衣袖上，

有一个浅浅的白印，我想我一定被你看到了红透的脸颊，我是在哭泣吗，还是怕生什么的，

23. 看

  我看见你掀起的刘海像裙子一样，眉毛要露出来了哦，我对刚剪了前发的小女孩说，

  我对学生头又搓捏着发尾的初中生从背那块拥抱，你放心，我不是要取笑你的，

  嗯，我听到了头发掉落又散开，在地上一个无原点的花束，要堵住下水道，

  是你自己剪的吗？我不会问，在门板上进行开拓性的冲撞师长，窗户给凌晨画上张扬的眼线。

  掉落的袖子，我掉在这里的不聪明的头，断肢我都会留在这里，嘻嘻的龇牙，会在那边顶嘴，

  看着，我要萦绕，如于我缠着脖颈悄悄地诉说，要套话呢，是吗？

  哦，在洗手池里冉冉升起的银镯，我一直戴着，现在扑咻掉在水里，像是她偷笑一样，

  从校园卡的卡套里夹着的，反复点提，缠在或是映在学校的紫藤花藤蔓里，

  是的，我想我大概已经幻想到了，那些黛色透光的影子，比橄榄油更为还柔滑。冷风把我往下挤压。

  春天要吻我的胸怀了，春天要刻在眉刀的白眼里，在我手臂内侧写嬉戏缠绵右撇子的诗，

  我喜欢你，这是可以说的吗？你是可以信任的吗？

  ——求求你了，我不是塑料袋，一次性筷子和便笺纸，我想在挂在你路过的阁楼和树梢上。

  红笔画的下划线在白纸上，水性墨水的泪滴要晕开了，

  樊篱啊，我会踏着这赤红的缺和炎症翻过吧，

白羽

得逞了，今天会做噩梦？

我要滑倒在温柔的泡影里了，摔得一身狼狈的泥水。手指爬到自己的左胸，乳腺下面心口抽痛。

听到了？听到了，我知道了。自问自答。

我颂唱的靡靡之声：床像地铁一样的挪动，碳酸锂侵吞了舌尖，接下来的一天，咽水都是腥苦味。

——这首诗里有几个庸俗的问号？这句话也平添一个。

我看见，刀俎的白花花，筷子替鱼肉翻起眼睑。

扯落的头发会堵塞下水道，所以就不要乱撕扯了，头皮会哭，流泪了像太阳和防晒霜一样咬人，电脑游戏里尔虞我诈，

像防晒霜过敏了一样，接触性皮炎，药贴下面的皮肤哭红了眼，排雷游戏第一脚就能折兵，在鼠标的喉结短促下面，

就像穿了雨靴之后的脚一样，但愿笑容和泪痕一样常驻腮上。

我扒开空调的黑得像眼珠一样的百叶窗看，我吹走积累的灰，像胡椒粉似的让我喷嚏不止，一开口就能和所有人绝交。

流血，我要一直递到指尖，我亲爱的，看，我一直在看你，在老师写板书的时候，我偷偷往蚌里你甜蜜的眼睛看，

不要骗我，我强硬的要求？我没有心思干这种事，我抢走了不存在的书和杂志，署名了好心人。

我大概是英文里说的"nerd"这种人，眼镜框抬举鼻梁上的陈旧。

23. 看

  我知道，我看着，我用亮白的黄木课桌上的划痕，那是眯起的眼缝，书呆子的眼睛像鼻梁一样被压塌了，

  温柔的语言就像嘴角衔着花瓣，粉白的胭脂泪。

  眼泪从颧骨上溜走，我看看你，我亲爱的，我又哭了，抽搐得像毛衣的火星一般，我流出甜甜的意大利面酱，

  我走在电梯楼，没有一间电梯在等我。

  猫爪痕，盥洗池变成朱红的了，翕动的春之眼，咽下的粉色的蓝色的药品要从我伤口里流走了。

24.请在我的窗户上写字

by Nicolas Delano Lorraine

  我的老朋友讲了一个故事,小心你在我的窗户上写字,佯装恶作剧一样的,我挑起半边眼睑,
  高亢地歌着,然后滚落到床头柜和床头咧嘴的黑洞里,瓶盖失张力地弹跳着,
  将要被床底吞掉了,吞没的硬币上黏稠的胶水,破损的五角钱纸币,将落到又深又黑的缝隙里,
  拇指指腹挤压着墨囊,把它压进钢笔的笔舌那边,我想你会用什么墨水呢?
  恶趣味的孩子会吮吸中性笔的笔芯,我不记得我这么做过或是没做过,
  我看着镜子里苦涩的门牙,被一层夜一般静谧的羽衣包裹着,舌尖舔舐着铲型的乳牙,
  当然不会是咬破手指了,因为身体里已经流干了血,血书这种表达分外乖张,
  哦,在我窗户上写字,递给我一个吻的古典文学。空调从喉咙:深深地哈气,气沉丹田。

24.请在我的窗户上写字

呵气以后,我擦去屋内水汽伪造的白霜来回应,
镜像的字母,连成一串以后分外拙劣,
请写一段情诗,作我的回信,风吹跑神韵的落脚点。
我不会像语文课一样诘问你断句或是语法错误,缺失的主语,虎口张裂然后用枪强奸我的脑浆的政治哲学,
在局域网外的社交媒体,天花板釉面喷溅上的黏稠的诗,
哦,让我想想怎么逃过他们的眼睛,我关上灯,落地窗后面有我墨蓝色像是笔杆上的光带一样的影子,光带和它的生母一样奔波。
我躲过八点正对的门禁,我弓腰穿行在栏杆的大鹏臂膀里。
如果我嫉妒你的话,大概是因为像我一样的爱人给自己写诗吧,我在你的情史里面查重。
我隔着玻璃,全身镜上面的白渍像是干涸的水粉颜料,像抠破的纤维层一样半透明中空的内里,
水渍,还有落灰——我扣着你的手,十指相扣。
我说,甜美的欲望,你往哪里流动?
我在舌齿间语句的川流向你发问:意识在流动,我嗅到你皮肤上咸味的潺潺涓涓。
如果你在我窗外写字,
我一定不会让你这样一个孤魂野鬼,我亲爱的在伶仃的夜里飘啊飘,
我要打开纱窗了,我会看到纱网纵横地切割着你的脸,

白羽

一个个小方格,苍蝇的复眼,我说,晚上的太阳在我头发的偏折。

我要把你拽进来,要让你踩到温热的下面铺设了地暖的木地板上了,

这样就再也不怕又疼又痒的冻疮了,

灵魂的热度要从脚心升起,顺着脊髓涌往大脑,沙漠的地热在脚后跟底下,

地板下面有怨气回荡的呼吸,交代和嘱托的号角被拖行,在大棚盖着塑料薄膜的被子下面,

来做一些坏事也无妨,

像你一样这么可爱的鬼,谁会害怕呢?

谁不想和你有一段风流往事呢?

我揪着你垂到领口往下的卷发,我怀抱里的小猫用脚掌抵住我的脸,

我挠着它的后脑,摸不到粗糙的猫癣,我想你的脸颊和头皮上也一定摸不着血痂吧,

邀请你到床铺上那些猫崽的戏耍,我故意去摸床脚,四方的床脚被木工磨钝,像是膝盖骨,

我思索着你该躲在哪里,今晚请在我的窗户上写字,白天请躲在衣柜或床下,

刺激惊险,俗套的奸夫游戏,

每天睡前看到的鬼,是那么面目可憎,

我想着这鬼若是你,摩挲着那个熊玩偶的脸上绣上的红晕,

若是这鬼是你,那我一定能安然入睡!

25.烟灯

by Nicolas Delano Lorraine

我看见你的眼神像吹去的烟灯一样，蛇信子在黑夜里出去鬼混，

啊，排列在我的牙床上，

是我紧咬了你小腿肚的齿痕，看到紫红的瘀血的印子，

在翻飞的手，指尖上甩掉的水滴像珍珠一样砸碎在地上，

手背上撕去的一片表皮，鲜嫩的棕色薄痂，我在玻璃垫板上敲碎了我的指甲，

我看见猫爪蹭去的一缕肉，糯米似的粘在我的手心，咬在手掌褶皱的肉缝里，

把我亲爱的强作新词，侧翻摔倒的铁皮蛤蟆，膝关节还在搔扒反射，肚皮鼓面，

我把冲刷在盥洗池壁上，卸妆水擦掉的五官重新贴上去，我柔软地撕去了嘴上的死皮，一片白色的皮屑，

洗掉的五官，要汇流到僵硬的河流里，头身脱节归入展示橱窗，

白羽

我看着母亲的河,是长江和一路跌落的河道,
泥沙抬不起河道,眼泪是脸颊上的地上河,
要藏在我眼下又往下冰锥痕一样的毛孔,要翻起在下睫毛又往下的积线,
破洞黑塑料袋在垃圾桶上飘着,像是张扬的情趣丝袜,
我要拍着床沿边为你奏歌,我面对着书桌脊梁骨后面的竖柱,竖柱里电线缠成了神经树,
是这个房间酥麻的骨骼,我要面对的奏乐队。
哦,我抱着庭院里的四方柱跳舞,是一个男步僵在足底被水泥焊死的艳俗华尔兹,
在雨夜里铺成一片的奶味饮料,掉在那里,像水洼里五彩斑斓的一泡骚尿一样,
我踩着棉被,我踩着床榻,我踩着水塘里湿鞋的沙粒,漫上来了,像海潮或是本身的月球引力,
我要说?我没意见,不敢有一点意见,生着一副奴颜,房间里擦过的卫生纸和腐烂的金橘柠檬味,我的心胸和富家人的衣橱一样海纳百川,
狗要舔舐地板,我喝了一口奶啤然后把胃酸和酒精吐在竖直垂落的床单上,
买了一只眼睛那边开线的玩偶,玩偶上面有爱心,里面写着 for you,全部是小写:
身——无——彩——凤——双——飞——翼——
散架的锁扣,墙壁震荡以后,震波要倒挂在下垂的像雨棚的睫毛上,

25. 烟灯

  我会用嘴咬瓶盖,顶光要打下来,打在隆起的鼻软骨,给下颚线削皮,白齿和口腔自相矛盾,

  然后是像芦苇一样向左飞扬的一缕刘海,铜钱咬不动,棕色枯槁的头发像杂毛狗,说我不好看的老实话,或者是眼睛小,泥拘在嘴唇下面的凹陷通往下巴,

  我踩着棉絮,鹅绒或是化纤的填充物,烧焦的火柴棍的化学气味,我想这股刺鼻也许是我斐然文采被点着,掉书袋了。

  踢掉鞋,抱着猫一顿狂亲,我颠颠它就像哄小孩一样,戏称脑浆摇匀,悠悠荡荡,你的睫毛像风筝一般。

  啃咬黑暗枝丫上生涩的果,粗糙得要膨胀,皱要展开,然后要撑开一片湿软温润,紧缚的河道。

  磨损的脸就像有痘印一样的,然后擦在裸露的肩头,溅在小腹上,

  陷入了一床鹅毛……然后就散开,铺开又吸气或是抽噎了,

  在床单上,要用膝关节跳舞,耳机线数据线都缠绕在一起,

  杂乱的床上摆件,螺旋,然后是自动削笔机里面那些开瓶器一样的木屑,

  我望着天,其实那是天花板:

  我的房间拥挤了还是空旷了,我的世界窄小了宫缩了还是扩张了,

  流着泪,我不知道,眼睛和鼻子像是要流出脓血一样,

  灿烂的灯,太阳,百叶窗,灯太阳。

白羽

　　分泌物或者是晕开成黄色像碘伏的血，我也混淆了，味蕾尝到茫茫无望，沉寂的原野。

　　我亲爱的，我把我的天砸碎了，然后我看见缺漏的宇宙，我也没有氧能呼吸了，

　　然后我要吻你侧睡在我枕边的嘴唇，在你的吐息之间掠取氧来呼吸了。

26.恶俗

by Nicolas Delano Lorraine

  胫骨一样僵直的横廊，在哪里恶趣味的用红笔写上莫斯电码，

  禁止自杀，年年有跳河，岁岁有蹦极，

  想把谁的头割掉然后把脖子塞到嘴里，见诸行为，我坐在圆桌却没有公平的半径，猫嚼碎螺壳和软骨，龇牙咧嘴恶言恶语。

  然后在横廊里把优秀毕业生挂起来，要把泡胀的消失在河里植脂末奶茶粉一样的用网兜勾兑到水里，

  立大功女士，非常关注精神健康，

  花藤瑟瑟风中颤，死了一个冬天之后在第二年的招生季播种，

  靡加艳丽，私生活推诿，石祖攻城上垒。菜油色头皮上可以炒菜，押韵，接下来一个词是"俗不可耐"？

  饭票，贵校非常喜欢喂鱼，桃李树下踩得一脚烂泥，踢狗一样的在门口的地毯上踢都蹭不干净，

  美德丰厚，教养优良，嘴唇里写的生命诗，

  恶俗，戳着鼻梁咒骂，超优级会谈，

造谣生事，站起来坐下吵架，杜松子酒的饭袋后脑挨了一帮棒槌，哎哟哟，你是眼瞎又耳聋，

询问询问然后逼谁说偷偷抢抢，我没有精神病哦然后交流病情，

你是在换算一英寸法尺一夸脱一品脱？

屈原，喜欢钱吗？喜欢，我们不负责哦，霸王条款强奸钱包，退费，

我恶俗？是的，恶俗，圆形监狱，边沁（Bentham），emoji眼睛，我把面如菜色，仇人和贱狗放在舂里恨恨锤打研磨，稳抓狠打，化学实验室里，研钵也讲道。

哎呀，紫罗兰爸爸！昨天是父亲节，你找到你的大爹了吗？我的脸啊白寥寥，水蛭和蜱虫可是又肥又厚……

踮起脚的话，那一定是咬下谁的鼻头，然后塞到嘴里像嚼豆腐乳一样嚼，呕了和唾液酶一起啐到谁脸上，

要吞一千根针，我一定会希望扎破了胃，一路走下捅穿去把谁串在烤杆上烤，

恭喜哦，恭喜发财，把眼球挖出来。

不敢有意见，没有提议，pass pass，大佛plus，像爱学生一样爱着，爱猫哦，猫猫不哭，

是为了猫猫好，权衡利弊，猫猫才23届，今年有1和小数点后一位6岁，我说，爱猫群体也弥加爱人，

我说，我亲爱的，好想做的当甘案还要过分，

像那个谁姓什么X女士J女士，还是什么女士——像那个谁C男士，忘了谁的名字想不起来的W男士，啊？

啊？你学生嘴里有夏娃的肚脐，还是亚伯的羊和该隐

26. 恶俗

的恶手呢？花边衬衫托着圆溜溜的乳房，沉甸甸的脂肪水滴呢。

想把错乱的写不了情诗塞到谁舌系带那块再剪断，摸啊摸舔不到，用指甲掐断，我看阿尔杜塞于是杀了我的妻子，我在集中学校里出院，在你脖子上套一根绳然后吊死了，像狗绳。

在眼眶上打一拳，肌无力的眼睑肌肉要肿起来，诅咒谁挤痘痘颅内感染，精神病，圆桌上面，我重新丈量公平的黄道十二宫，

做手术把头发掉在腹腔里，设想哦，这都是有可能，像出门没两步，孩童在电扶梯那块踢到逆行按钮，

然后把向后砸在锯齿上把脑浆都摔出来，

就当都是我的强迫性思维和被害妄想，

我分不清福寿螺和青螺，我把瓷碟上的油膜当作了保护膜，我把电脑屏幕像撕坏了贴纸和脸皮一样撕破。

校园墙，校园卡，恋爱关系，感情生活可丰富了，垃圾桶呕吐。

我很喜欢的，痴迷不悟和爱，我还要对比游戏，天然vs后天，个体vs条件，玛格丽特和阿尔芒，罗密欧和朱丽叶呢！

然后每次要向着那个位置微笑哦，muchas gracias，希望那谁那谁或是那谁都会有一个像我一样的孩子，

把洗手池当做蚂蟥水蛭要给自己放血疗法，治疗一点点体液失衡胆汁质缺陷，咬咬手指，吃吃指甲里的调料包，哎，鲜的呢！Oh my darling，嚼点公文的打印用纸果腹吧。

白羽

我转头换一个人，狗男人，喵喵喵。

我越过斑马线的社交距离，我触碰红线想把脚尖撤回，又被碾压。

我的心尖和脚尖都粉碎性骨折了！

啊啊啊！想用胳膊勒死你，我又不想了，

我好想哭啊，像滥用你的好脾气，像猫把大腿平铺了以后当坐垫一样啊！

哦，我好爱你，因为这样所以被移易的轻浮心性，所以才害怕，我一口口吃着白果和苦杏仁，我一口口咽进了机油啊！

我总是放肆的，毫无保留的，就像破皮的馄饨不如再露点馅一样的，放荡地讲述我的痛苦——就像是不知羞耻地在课桌上放上《性经验史》的暴露游戏一样——

所以用自动铅笔芯戳着指腹，所以圆规的尖锐那头在纸面上磨蹭着，开了一个规整的小洞，

阴道瓣的缺口，嘴唇的缝隙和撕开的易拉罐开口好像别无二致，

恶俗，爱情像选票和人生一样都不在我手里呢，

拔毛癖，摩擦癖，是的，像我说不出的像谁或谁一样缢在脖颈上的，想把你的喉结按下去，

咪咪，羊肉膻气。

我需要一段时间好好休息，希望你能做出表态，不然我警告你，我刮胡子的技能和修眉毛一样都非常差劲，

不想把你鬓须的位置刮破，像是有血珠的自助餐，今天我刚一个人吃过。

27.三月五日星期二惊蛰

by Nicolas Delano Lorraine

在我梳理又梳乱头发,将我流露之情泄露又泄露,要拿着苏联笑话嬉笑

荒草,乱发埋没发缝,在矢状缝犬牙一般的法线,小雨斜刷在车窗上,凸面镜里面倒灌了好多新绿和鹅黄,

我要我精神和身体的全版权,我躺在哭泣的草地上,草茎被连根拔起,

我要,躺倒在一池绿水里,湿热的肉缺隧道里有气性坏疽,白亮的一道春芽从前胸里冒头,

我要张开嘴吞了天里那块销铄的玻璃,吞炭以后灼烧的食道胃,和溃疡的十二指肠。

踢起一块碎得像石灰的石头,嘲笑草坪的斑秃,深吸一口,吸到长吸管里哽咽着的,柠檬籽捂住一边耳洞,

社会化框住游弋的眼珠,留堂罚站,黑影落在地面和储物柜,长尺被掰断,书扫帚。

我听到黑影被折断,开心果咧嘴露出乳白的牙边,太阳挪移斜影伸长,

白羽

　　从窗框爬到窗外面，将要摔落在谁家的台阶顶上，太阳和候鸟一同迁徙，我在凳子上玩木头人的游戏，天赋非凡。

　　额头变窄了，下颚却变长，留级一年又一年，喝掉的粉底液，特色的陪衬，捋下碎发上连带着防晒霜，

　　头会埋进一汪洗衣液打发成的奶油，我的脸皮像僵硬而洁净的浴巾被收紧了，提眉后眼睛被紧绷，

　　像在和哪方大人物会谈，在夏天之前顾虑我皮肤上尖笑着致使失学的暂且停留，

　　买不到春色，逃离的机票在弯弓着圆弧的横跨，办不了入学，鲜少免签的护照招手挥别，

　　惊蛰，春雷砰然敲击玻璃，三月五日，浴缸里皮屑和头发，申请不到版号，炖人汤。

　　在我笔尖泄洪，删除的字符掉落到荡漾着不足一平方的海面，

　　我搞不清楚这一切是为了什么，有什么利益，吃了药不能生小孩还是血色素低了又低，这些争论的好像得病的是他们，好比要推开一扇写着"拉"的门：

　　——是你自己！一手好牌稀烂局！

　　两杯奶茶换的了一个月的残疾补贴，奥氮平发胖的游泳圈身材，帕利哌酮缓释片，然后陡然升高的泌乳素打湿在胸口，

　　不要浪费你的斐然。

　　我躺在一池春水里，我埋下头，我的生命在水里保鲜成标本，我闭上眼就能溶解在水里，溶解在温柔的要吞没我肩膀的热水和浴盐里，

27. 三月五日星期二惊蛰

而我于你到底是蜜糖、盐还是毒药？我到底有如何面对很多哭丧的几何脸，赏析题？

伤口涂鸦，手掌里血路通达。

我从未如此自由，张开双臂，我会像鸟一样飞起然后被击落，吃一颗罪名为偷渡的枪子，

抬起头就能呼吸了，还要做什么零丁洋里叹伶仃，口无遮拦，怕舌头赖皮的吐出被剪断。

啊！边缘系统要爆炸了！昏昏欲睡……岌岌可危……像马路上的小池塘一样浅薄……我只为音律和刻奇把他们写上，

季风在大脑内回转，像是吹飞在铁皮屋，倾泻的平顶塑料薄膜飘飞，落在屋内桶里雨水灌流的倾泻，

我抬起水桶向雨里倾倒：木板开裂的椅子腿，泡水人蹄汤，红彤彤又绛紫的猫嗓子，这是在反刍，吐毛球。

我咽下很多东西，注意力缺陷障碍，偏科试卷压在书包最底下想要擦去署名，又不敢签名，

拭去镜子上水渍像瓷碗里攀高到脸上的粥渍，偷腥猫舌头卷走嘴边的鱼汤，

剩菜碗里发霉和或许是泥水的污垢，猫啊狗啊猪啊，细数这些动物，拔掉的犬牙又戴着嘴罩的狼犬，

然后把头埋到食槽里，幼儿园小孩像是小麻雀一样跳着行走，也列队跑到那边，

他们像不会养猫狗一样不会养小孩，不宜人的社会和宜人的人，买小几码女鞋导致脚趾翻转和甲沟炎，

白羽

　　我只能说，惊蛰的雷声像是白眼，哦，我亲爱的，你侧睡在一枚铜钱的一面上。

　　粉墙黛瓦。

　　太多人还在恪守对南方女孩的蝴蝶夫人幻想，像是指甲长得捏不住拳头，

　　只能捏针线，血液里淌的像是雨水和露水。

　　谁把谁养废，扯下一团黑色的渔线，句句都在责怪，然后吞下这时代产出的污泥，佯装是站在巨人肩膀上，

　　想飞身跳入有你眼泪的那道海湾里，我想你正对着那些干燥剂侧耳聆听，泪水和曹娥都泼入死海。

　　我知道你也是一样的人，但是正因为如此所以才弥加讽刺，美甲塑形的疼痛是否有必要，

　　我抱着这样的心情，想要杀死巨人一样痴心妄想，

　　然后被碾碎的像煮过鸡蛋壳，扔掉用过的创可贴丢在废料桶那边，搓泥的胶已发黑，还要纠葛不清，

　　哦，我又要羞和恼了，指甲又要抠破泡沫纸一样的疖肿，我想把所言所述全部提走，

　　疖肿附生在创可贴下面的手背上，幻视成皮肤上的青苔。

　　我泡在我那一方天地里，一分钟是多少，一秒是多少，说话的尺度和艺术是多少，我都不再浮想和遐想，

　　下午好，接着是晚上，我要溺死一汪春水在温柔乡，我不小心开着窗，像是全世界都听得见我的娇喘……我听着轰隆隆上楼的脚步声，想着这不是一顿暴打的汹涌，脸上会隆起山丘，手臂上面会有……沉默的……红绳。呕吐沉重的

27. 三月五日星期二惊蛰

回答,我把猫抱出房间,我一想起潮水,就感到窒息……我在房间里,被淹没。三月五日星期二惊蛰,希望你我能记得。

28.某牌菠萝啤

by Nicolas Delano Lorraine

菠萝啤砸在墙上,然后打旋半周又瘪下去的罐体,易拉罐口像射精一样,喷出白花花的泡沫和其他混合的液体,

地板上有种菠萝啤的味道,墙体上酒液飞溅似的涂鸦,

不擦掉五官的辅助线,人是否长得符合三庭五眼,不上色的彩铅压在箱底,我也不中用的。

我大概知道了亚木僵和窒息的关系,然后我把药咽下去,我的身体像面巾纸一样轻,轻,太轻,无法容忍和接纳。

我无法把黑眼圈还有瘀血联系起来,床头柜旁边垃圾桶里,快递盒硬纸板像条土狗,

土狗蹲着,敞开了空荡荡的胸怀要把我装进去,

香水是皂角味,整齐地撕下一道眼下积线的长廊,

搓下脖颈里泡烂的淤泥,然后又把心跳和新陈代谢,和脉搏冲到下水道里,

眼轮好似月牙,包裹怀抱,翻出下眼睑贴上假睫毛,

翻白眼,眼球要自己看向额头,大肠发圈,矿物油破坏角质层,

28. 某牌菠萝啤

矿物油会化成痤疮上面爆开的白脓，落在山峰顶上的雪顶日融化，

湿纸巾吸取的酒精，风吹耳畔，我锁上纱窗，外面哆嗦的夜里甩落了一地火药味的纸屑和礼花，

夜里彩色的叮聍敲下了最晴朗的响雷，

平板刷机了，被用小指托起来，我身体里像司康被门牙切割的斜面一样，绵密却又要被牛奶冲散了，

扯着被子，把浴巾缠作托加，司康的气孔打着招呼：我很甜哦——拖长了尾调，猫舔舐着毛尖的锦织。

在雨季里唱诵一首飘着棉絮和柳絮的悼词，用计算器敲出颜文字，作一曲嬉皮的物哀，

我对纸壳说，你能不被春雨回潮所濡湿吗？

纸壳说，不，它舔舐着卫生间的玻璃和镜子，上面结着剔透的果实，智能浴缸里面像是泉水跃动，叮铃响铃。

我对纸板箱说，你能不能把我装进去然后带我离开？

纸板箱没有回答，他明天要被归到可回收垃圾那类。他往自己剖开的腹腔里塞满了盘缠。

我又跑到墙角，香水，你能不挥发吗？果林里，能没有蚜虫吗？我想大鹏顺着天地吹息把我送往爱人在的地方，蝴蝶和庄周一体两面？

我问产床，夏娃，为什么要诞下这么多人，灵魂又从哪来？

夏娃没有回答我，我看见街上老太婆背着一把七彩太阳伞，伞骨正在迎风和气流周旋，

白羽

菠萝啤，它打着旋，是一柄钟楼上飘下来冷硬的羽毛，沉重的罐体，里面注满了一腔愤慨转而恸哭的酒，

菠萝啤是扭动了半周不到的锁，它灌不醉我，像气球散开的打结一样笑得快要漏气了，

气球笑着，它带着自己那块膨大又异常肥厚，

还有马上要像妊娠纹一样，褶皱的肚皮把自己吹走，

那罐勾兑饮料在地板上滑冰，它转身了几圈，瘪下去又像膀胱一样爆开，灯熔断了就闪了几下，马上又要有新的灯泡换上来，

续写荒谬，夕阳光给尿桶固色。

喉咙里灌满了酒，要把蒸馏酒像吞火炭一样吞进去，醉到从墙东跌到墙西，

一路强撑着呕吐到一边的花坛里，嘴唇里嗓门里吐出来，

成年人的百忧解，食管里因未经世事而干哕不出的鲜美酮体与禁脔，金瓶梅里摆宴会。

眼里装满了水，他们把这叫作泪，要落在爱人的胸襟，在眼角那积一个小塘，给它命名叫做死海。

方才我说，亚木僵和窒息的关系，喝水大概会呛死吧，喉咙是盛水的最佳容器，

我坐在楼顶和桥上，岸边礁石又要被剥落，扑通一声掉在里面，就像多少诗人工人失意人掉在里面，上下影线掉跌入海的脸皮。

赤脚走在滩涂里，软湿的泥，天空里有一轮是养殖肉兔赤红的眼睛，

28. 某牌菠萝啤

港口的形状是它瘦长的脸,

鼻腔里灌满了水,他们把这叫作溺,

他们会诘问你为什么,目的或是其他细节,在背后转而嘲笑谁家眼睛里红肿的结膜炎或者是沙眼。

我依偎着你,哦,你,我亲爱的,我怎么都说不完这些自私的感慨,

酒精挥发以后地板上的糖渍亲吻拖鞋或是脚底,

磨砂药盒上红十字呈半透明状,这样就看不到里面到底是什么了,

我安慰自己,药里面的淀粉也是良药,我按下塑料衣的药按钮,把我自己一键清空。

我亲爱的,想到你,我已经会哭得更厉害了,眼皮浮肿和葬送的,用卸妆水也擦不掉了。

29.洛神

by Nicolas Delano Lorraine

哦，真是顾盼生辉，洛神步态，危急而安闲，

将堆积在皮肤上的脉搏洗去，将要穷思竭虑，

在纵列的书上横向涂鸦，语词杂拌，把河汉塞进眼皮上的闪片里，

将填河作田戏称为在削去了下颌骨，然后过几年又要号召谁给河神洗漱，

金枪鱼，虾线，我脚心的一抹污痕，反穿你的衬衫与你心地坦白，

流血啊，湛蓝的眼睛，分不清海湾的笑眼里在流血还是流血落入了海湾，

春风意作癫曲，春风啊，一个个春夏吹涨了胸脯却拉不上拉链，

盘中虾还是座上宾，河鲜弯曲地做卷腹动作，我不能想，床单要知道我的思想，我想着我诗歌的断代要流露在床单上，

29. 洛神

然后从床缘是断崖那边跌到地上,要落到一个积灰的死角和硬币同日而语,

一切都侧耳倾听,一切要迟迟欲语,用恳切的眼睛看着我,从拽开了鞋带的孔洞里,通过阳台通往树荫的缺损里黑猫的眼睛,

你不要问,忧愁是我掷去的银镯又回弹在我足弓,我写不出来仍要你倾诉的伤春悲秋,

踮起脚要嗅到你的鼻尖,头发从耳后滑落到肩膀,我摇头,不,这些都是假的,

你的眼睛太蓝了,这是人应有的蓝吗?是故作粉饰还是夸张?是一湾随着气流颤抖的海吗?火彩在湿漉漉的眼睛里闪,

我轻易地作了镜子,你笑我便也笑,于是嘴角皱了,要文绉绉地说话了,

要看看你,是否有喉结的一小块软骨装在好远的哪边医学院的匣子里,眼角还是哪里被抹去了痣,

拉着你的手,摇湿了一身的寒凉和疲累,摇落了,希望你的心意落在我手里,我把它塞进我的额尖,

落在草稿纸上化成一簇不可名状,被我强称一束玫瑰的乱写简笔画,

随后是,简易序曲,维瓦尔第的琴弓和弦,

我亲爱的我亲爱的叫着,然后在书脊对面写着一些鬼画符,

翻开以后成为成年累月写成的一串线,是我一直积攒的存在本身,聚积了不知几月比散粉还细,

白羽

　　一颗满天星掉在琉璃花瓶里，花会早衰吧，像猫的肾衰一样，

　　白色的金属陨石，漂浮在水面上，想要依存在斜剪一刀的茎那边，

　　木饰面那边，木板的竖纹，就像很多被剖开的猪扇，一扇扇地挂在天花板上，

　　两颗窄长的肾也挂在那边，想到你，看书也看不了几页，

　　我的思念放在床头，又藏匿在窗帘裙下，错落地藏在乳液和护手霜，瓶瓶罐罐鳞次栉比。

　　手指塞到头发和头发之间的裂缝，我要挠，或是指尖要梳理，想着伤痕是玉石磕了一角，

　　或璞或瑾，但一定是名玉珂人，转而又匍匐到圣母膝下了，

　　走在商场里，闪闪发光的都是那些人造宝石，我问他们，为什么这也能价比黄金，钻石和铅笔同样的乏味。

　　这些展览柜里的，最初令我怯懦的掏不出一点钱，后来我看它，金边框里面包着一个可怜可爱的学术造假，我笑着想要买椟还珠，

　　我想说关于水的话题，

　　由此我的泪水汗水都被东风劫掠，爱和才思都被纸巾、袖口或手背吸竭殆尽，

　　归鸟叫声弥长，长过黛青的眉和远山，将喙拉长，

　　伸进腐木里想要衔出一只蝉和一枚天牛，在雾雨蒙昧的胡青里展翅遨游，

29. 洛神

　　洛神,屈居在河道里,鳝鱼和泥鳅钻出的小径那边,在藕的洞眼望穿秋水。

　　我的膝下浸没在洛神别离的眼泪里,幽蓝的眼泪积成一个叫做湖的塘,

　　我期盼着某一日洛神不再哭泣,让这蓝色不再灰暗一些,

　　然后能把我亲爱的你从眼睛开始重塑,让手与手水天相接。

30.锂电池

by Nicolas Delano Lorraine

    喜欢你的空浮，喜欢你的情色，不要金钞，牵手的人被人流冲散，斑马线，绘在柏油路上的囚服，
    我捉起花托下的蚂蚁列队，花托之下，哪里有我的位置，
    树荫下金屑攒动，膝盖上彩色的淤青，眼皮像贝壳一样闪，雪花电视，葱片，鞋盒里的包装纸，像粥锅的内圈一样，
    没有棱角的云团，打磨它的砂纸有几目，
    我要细说和细说眼皮褶皱里藏了什么，树荫下金色的高积云被树梢递往天上，然后化为碧空暗沉，苍白的眼球和雷暴，
    我粗鄙地想着，我想着灯给幕布打下的褶皱，
    幕布看起来就像小腹一样，两簇灯光好像快要在人皮上滴蜡，
    巧克力面包碎屑像碳粉，碳粉在纸面的毛孔里面写一块字，

30. 锂电池

　　铅色的相交，光滑得像熬出来虚假宣传功效的驴皮胶，摧枯拉朽地碾平痘坑、火山和庞贝城。

　　我的腿不长在我腰部以下，我走过，走过被基建破开的僵硬道路，要埋下一道龙的脊髓，

　　从高亢的吊机下面倒悬一摞沉重秤砣的盆骨，我挡住电动车的道路，

　　我血液里有电池的发动机，在抑制脑电波的异常，有人推着轮椅，

　　广场那边的石墩偏倚在铁丝网那边，沙砾原模原样地堆起三座大山，

　　没拴绳的狼狗和鹰犬，犬牙鸣笛狂吠，

　　轮椅上的人无法向前，于是轮椅拐了弯，为一个缓坡寻寻觅觅，

　　我走过街角和小巷拼凑成的一湾回廊，迎面回应三四五月缺钙的春天，死箱在尽头自撞南墙。

　　颅顶顶着一条红字向左吞没，红灯喷薄出一片绿色屏障上的藤葛和夕阳，缓坡如脚背的倾斜。

　　荧光马甲巡回，赶鸭，足蹼拍在斑马线上，一条马路两旁纵列的楼房，形似赫鲁晓夫楼。

　　缺位的鲨鱼齿，黑洞洞的，路牌上写着"文明"，大字幅那边，粉饰"语言的语词化"，鼓起横幅啤酒肚的歪风，俗语嘴里吐出新话的明光，

　　我走过青苔以下绕膝的一汪腐臭的绿水，肥胖的城市腹腔里一条蛔虫一样窄长的小肠，

白羽

　　扬沙的空气过后，这条弯弯绕绕的长虫要和颂歌唱反调，我咳嗽，

　　堵住一边马路，像一条狗掀起半边腿，艳色的内衣裤和床单手拽横杆随风飘扬，

　　化为世俗化的一树春日杨柳，变成塑胶制橡皮鸭凫水在更暗的河道里的地面天空，

　　草皮上鞋印踏出一道灰黄的斑秃，车胎摇晃窨井盖，雨水冲刷荧光的招牌字上面的彩漆，

　　字与字眼角里积蓄的分泌物，笑和泪像鼻涕在手掌上一样抹匀。

　　我血液里弥散着蓄势待发的锂电池，化学能和生物能在我睡眠时候积蓄，

　　然后被醒来的数个小时，被一袭春风吹散在这个回暖的日子，我怀揣一腔着发热也冷却的血，

　　我醒着，在哪里又要陷入安眠，英语字典是高高的枕头，我枕着，做一个能遇见你，我亲爱的的梦，

　　瓷盘里的樱桃皱了皮，我不知道那些东西放了几天，樱桃，采花，性暗示和重瓣花能否结出果实，

　　明天要往哪个寺庙里祈福，明天要信哪个空浮的一神论还是泛灵论的梦，我在 T 字路口的踟蹰。

　　锂电池，点燃药片在灶台上发送焰色反应，剪去甲床上指甲的多余，掖好被子，往一个染唇的温柔乡里去忘忧。

31.又

by Nicolas Delano Lorraine

如果我说我是今天还是昨天，还是分不清的哪天，又被人打了，你会来安慰我吗？

又，长了一双腿脚，跑得比走之旁快，又是我被挑断的脚筋，花粉过敏，失眠，不能安梦和风邪。

又要带我跑开，在我身体里采石，解不开纠缠不清的一个海军丁香结，又是一副淘汰在蓝牙时代的耳机线，又是麻花辫，绑在我头上，又缠在手捧花上的活结，一个女式内衣上蝴蝶结屈膝献礼，又是钠镁铝硅磷在花瓶的高水位那侧变成不会爆炸的满天星，雏菊的种子，凭空竖立在一碗饭上窄长的巴掌耳光，

我蹲坐在地上，地板上有垃圾桶碎成的剑锋，指向我床头，摔断的眉笔也旋转了一圈，眉峰掉进了抽屉下面，

花店老板说女人都喜欢花，一个冬天里我朋友带了我几柄昆明的向日葵，

佛卡夏最顶上的拉链，来开以后无纺布吸取了油污，特意买的绿色的签字笔，要写上你的名字，

白羽

睡不着了，我就要胡思乱想，做噩梦的次数比较多，不再赘述，

啊，我要安静下来，水壶有一个苍白的关节，琥珀色的茶水，还有阿片类药物添加的止咳糖浆，

灯灭了，人皮就要变成蓝猫色，人就要变成蓝猫睡在床上。

不小心把眼线画到眼睑板上，不小心把什么都和你说，掐着自己没有安全感的脖子，一下子什么都说出来了。

在商场里偷东西，打开小学同学的铅笔盒，偷走一块香精色像没有吃过蓝莓颜色的那款橡皮，

高悬着，灯绳是蚯蚓，雨天踩断在鞋底下，像土壤的血管，断得狼藉，以至于有点搞笑了，

今天又要注意不能吃什么，把梅干和芒果干混在一起喂给我吃，这样就能杀死我，

我用眼镜布擦眼睛，这样角膜会被磨伤吗？喉咙，舌头从拳头下面滚落，这样就可以把猫叫，镜片，和红色脸盆的一片飘落当做纱布缠在身上，

在曾经因为摔坏了最后一个库存的修正带慌张，想试试铅笔和橡皮屑这些情侣是什么滋味，摸索着有什么裙带关系，

用荧光笔把每个"我亲爱的"都画下来，给每一个名字作下划线，一个个记住我身体里的葡萄糖磷酸分子，有一个简称叫六碳糖。

灯管，我时常在想里面是否奔流着光的血脉，灯管中流溢的光流进我皮肤里，

31. 又

　　说说不明所以的青春伤痛文学，空中楼阁，放在好大学哲学系一等抢手的好货，

　　我想逃走，逃到铅笔字纸面上反光的另外一端，我想要钱，体验那些不叫问题的问题，花天酒地是否能换得开心颜，

　　但愿荧光液在血液里也能反光，把我亲爱的写成很多鲜红的字，随即又压缩输入到血管里，

　　我希望自己在四点以前睡着，能在白天随时随地睡一个不用多眨一次眼的午觉。

　　早安，冲入墙壁与你相融。

白羽

32.卵,石

by Nicolas Delano Lorraine

  小虫在头顶盘旋,皮腺上喷洒一层捕鼠器上蜜糖味的馨香,
  要散开,一声长啸源自一匹像狼的狗,已经啃去,啃掉半边的山缺里的太阳,
  外强中干然后泄力,对流层的风暴小产而亡,地面上许多水洼,神采奕奕得像情人的眼睛,
  我衬衫的口袋里揣着未湿鞋的侥幸,梧桐子爆裂在脚下,梧桐树下圈养了一群兔子,
  梧桐子的眼波看向天空,夕阳炙烤天上焦黄外壳的棉花糖,
  眼波被鞋底挤压,从明艳的黑眼珠里弹跳了然后开口,呵呵地笑,清脆一声熟络的爆裂,
  附身到树梢垂落的又一颗籽实,绿化的叙事传说,
  或许曾经有一种卵生的神话,蠢蠢欲动的鸡实,里面复述了几万回羊膜动物之前的故事,
  写作一个浮士德的诗剧,拱顶那高高隆起,不是乳房而是卵壳,

32. 卵，石

　　要写一个胎生以外的寓言，到礁石下面去窥见，招摇的海葵臂膀，抓住后颈拎起迭代的序章，

　　水底下的若虫政权，一颗颗生了扑朔的兔子后脚，捏不到肉垫，回弹到天上去，

　　我要追忆似水年华，一直溯源到太阳是宇宙的籽实，宫颈要开了几指，普鲁斯特衰弱了暧昧冲动。

　　噩耗要回到我手心了，变成一缕红丝挂在项上，

　　转折颓唐，蜿蜒而绵延，曲折在山峰那边起落，弯折在地脉上匍匐，

　　卵生，要蜷曲在蛋清还是羊水里想入非非的境界，相机上一个同心圆的红点，从那里开始把影片奏响，

　　在一拱红桥外面斜拉着红缎，向风流往的那头扯开金婚的喜丧，发动胸襟里小腹鼓胀的蛙鸣，

　　把号声推往城市的热岛效应以外，然后又被弹劾，

　　躺在硬化的卵壳，背弯而像一支已经拉开又箭在弦上的弓，

　　我看向卵与卵的碰撞，落下的一枚铆钉螺丝，顿悟这并不是精与卵，

　　卵石，我追忆那些脸皮干得发亮的天气，融雪流作半瓶初乳，

　　浇在地皮上，融雪是胃糜和冬眠的蛇信子，卵和石都从蛇腹里诞下，从蛇腹里悸动着难产，

　　歇了，然后夭折，早夭在水塘里的孑孓，云层那边的鼓风机伸出一双扼死水蚤的腕与手，

白羽

在碗的沿边敲开一颗鸡实，磕进碗里，谁要把我破腹剖心，杀鸡取卵，锅里云絮欢腾煮熟，

要剪断我骶骨往下埋藏的一条地龙，要解构薄壳结构后喷薄在白幕上的一道蛋清卵黄，

他们说我是热力学的奇迹，我是一颗玄妙的结合，精，卵，我在母腹里成长，

曾经过多少量化和筛查，穿刺，破洞的臭氧，不是扁平足，脚底隆起完美的桥洞和隧道，

我是母亲手心里卵生的孩子，在我的颅内，电波雀跃穿梭，比麻雀的大腿还有力，

我说了很多次这样的故事，雕版印刷，每次都会错几个字和句子，卵壳的疏漏流通拱顶以外的哮喘发作和呼吸道水肿，

我询问，这到底是什么样的故事，我说了太多次，疲于奔命，我要说给你听，最后一次说给你听，

我想将墙皮上的霉斑比作打上雨季的检疫印章，

长满水锈的日子，叠压在碗底，我好好端详纠缠的银白镀层的钢化蚊香，

谬误在回南天生长，雨季还是黄梅熟成的日子，瓷砖上泪腺又活跃起来，

笃信这些都是卵和石的故事，一层软或硬的薄膜的张裂，

就连柠檬也是一颗粗糙的梭状的卵，我询问，教科书，历史书和学术论文，询问我你，这世界关于卵，石还有生和死的故事。

33.要与神比赛跑

by Nicolas Delano Lorraine

  我要从坠地以后与神比赛跑,婴儿的背肌后面长出幼芽,要腾飞或奔跑,
  我骨血里的锂离子,我血液里的发动机,
  我竖立,竖立如梁,肋骨焊接成一个中空的铁炉,在里面燃起翻腾欢欣明火,
  从里面飞出果蝠,蜂鸟和蝴蝶,盆腔里一个暗道,一路走到黑的大往生,
  摄取了然后燃烧,天主诡谲地递给我一张请券,邀请我同神赛跑,
  我是信使,飞梭回荡在两点一线,从黄道十二宫欢庆一个复苏的五月,在吴越大地和盘古通信,赐我生于水边上,
  是芦荻轻浮的张扬,蒲棒爆裂后把熟成寄往切近了夏天的柳梢,
  庆贺,庆贺一刻不停地奔腾,凡人的脑电波与神赛跑,摩擦运动产生热与火花,销烁后排铁皮柜紧扣的锁眼,
  里面藏着什么,为什么锁要相握,明天长了什么模样。

白羽

我思考的须臾，脑电波在神经元里欢腾，横冲直撞也遨游，

呵斥随后扔旧转向窗棂，树上爬着几年的蝉，我的一缕魂灵随风流转，婉转而激昂，

是 hey jude，狂放的小提琴，实验音乐数起有落然后撞破嗓门的小号，

我是军乐的侍郎，懈怠在圣歌颂唱之后索多玛又要降下天罚，悬挂在天上指明方向，巧舌如簧，寡和在猜忌心那边作响，盐柱本来也生了腿脚。

花粉锁喉，掰动小指的漆树过敏和跳脱挣扎，纳西索斯，顾影自怜然后投入一汪反射了青空的水，

安睡和快速眼动，不能违抗我灵魂的催命曲，每个梦我都记得，记得吻，肩头和臂膀，

腰梁弓起又落下，我也记得梦里开膛和流了一地肝胆肚肠，

植入一个中干，在梦魇的时候紧缚咽喉和鼻腔的鬼手和床单，植入一个囊肿，积蓄每个噩梦的消减和增长，

我也遨游，在白日所思也所梦里沉浮，缘木求鱼，在不应说话的时候插话，被最喜欢的老师一个人罚站，依贴在房间的后背上，

我把机械元件和卫生进行相接，高压导线，光缆和泥水的关联，

我的脑电波跑得太快，她超脱了我，飞跃了我本生的当下，消减掉几缕头发，接上一整个头盔，紧咬了头皮的电极帽，

33. 要与神比赛跑

用聪明早慧交易，以物易物得来一张疑似腿脚难安的检验证书，

我起夜，然后有抽噎在被褥底下，我生了一双笨拙的腿脚，

跌倒然后磕伤膝盖，从伤口里一只豆娘振翅，呵斥以后我飞散在角落，遗落的袖子，袜子，还有半边桌角下面的眼球，

明细那些赊账和入不敷出，我仍要与神赛跑，

我不停歇，在落马以后却不能再山口会晤，

我看旗帜向一边扯开，拉起前进海波里晕车的风帆，

我飘散然后伶仃，急促地跃升，成了一群飞鱼于海面上掠过又吞没入盐水罐头，

疲于奔命，疲乏然后竭力，

我再也不能停下，我身体里过载的发动机，

要超负荷，白目，癫痫和晕厥，直挺挺，肌张力。

我躯干里已然我焦炭的柴堆，自身又要销烁，熔融随后便成铁水，又要滚动，

我要与神赛跑，一张名叫基因的彩票和噩耗，

流落，流落燕子衔泥那刹，我又要旅行，一刻不停，与神赛跑，

要流落在中性笔的滚珠下，成一首奋进的长短句，一曲前进的革命诗，

奔逸的思维，最终要注入死海汪洋，

拽下一支柳条，和神比赛跑。

34.嬉皮

by Nicolas Delano Lorraine

  我要和毛绒玩具还有死人怜爱与戏耍，我和不懂的人大谈精神病学，光头和后现代，

  我在鼻子的洞箫里吸进风与风的交信，吹破了一盘洼地盆骨上面虚荣的垒作的薄汤，我大声嘲笑，嘲笑淀粉和文化里一种叫做勾芡的烹制手法，塘子里青鸟的一片脸皮，

  要把超价观念和诗作低俗解构，要坐上愚人船，把每个吹息当做和稀泥的语和句：哈哈！语言学！

  从地面向上攀升，棕黑的一条蹙眉，骨骼和骨骼的骨骺线，弯垂了半篓春日眼里的银星，

  又要闪烁，兔子的脚，在中心伸出未蜕化的犁鼻器，一个堵塞的盲袋，

  现实主义的面容在破镜里狂怒，从胡青和剃刀下面吐出一泡金黄的苦水，体液学说。

  我要亲近庸俗，一片寸草不生叫作秃发和脑门，乌合之众是一片人声和弦，

  哦，别西卜安排了一个恶魔在我身边，

34. 嬉皮

　　我和恶魔踩着同一个鞋码的脚，侧身看见罗曼蒂克音译以后镜面里蒙昧和绸缪，

　　我倒拎起一颗摆正的眼裂，水面，汤勺，露天的喷泉竖直升腾，构成杰里米的构想，这是哪个杰里米？

　　其实是一个坐拥十五邑的男子，几等分的头身，

　　铲起一片胎毛装作脱落鹿茸，在药材店，谎称这是人的幼角，别西卜在我头上钻了两个孔，然后长出一双自己的方向盘和麦克风，

　　我看到洄游，大马哈鱼还有行人，春运和上班族，远山那头炸开山麓然后堆作增生的一块副乳，

　　娜娜，不断下降，

　　我游移，替我游行在世界上一颗机械的眼仁，解剖动车的断面，从三维里面抽取很多人的解剖学，

　　餐盘里一点芥蓝作饰，还有白袍花的无暇，周旋在转盘桌贴着的前胸和空着椅背。

　　会在折锡箔然后烧给鬼神，烧起鬼神社稷里的炊烟，向一边用呼吸交易自由，交易很多值钱的春宵，在上证指数里一树绿叶压海棠，

　　娜娜，不断下降，

　　温煦东方轻抚湿红的眼角，我偏爱，偏爱世俗化，

　　我分不清腐烂，吻痕还有梅毒，梅毒是钱权和性的功勋和褒奖，然后要忤逆它一个工具叫做自然主义和爱弥尔·左拉，

　　我要轻唤你的名字，掀起一片遮盖的序幕，把鬓角刘海和碎发混作一团，

白羽

把我亲爱的硬塞往里，

从眼睛那边看出端倪，一直锁在你帽檐往下溜往的下水道边，

一直跟往，到银行，学校，还有诊室的磨砂玻璃后，地板和门板而一个小窗，

从那里听到，管制，泄密还有数据网，

欺压，棺木杉木和行将就木，我嘲讽，有人以为化了烟熏妆就成了那回事，转成嬉皮，一个没有嬉皮，摇滚和死核的土壤上面，烟熏妆女士，纹身先生还有其他的，他们叫自己一枝独秀，逆鳞和乖张，

最低俗的字样，一个个伎俩把过时节的莓果和杏比做阴囊，哈哈，嬉皮，

像孩童，往作业上戳了一个公文的图章，唉！群氓和牛虻，官员和亚瑟，烟花作霰弹打在干瘪的夜幕上，打出了下一幕剧白天的几个孔洞，红章在 2+2=5 的道理上锦上添花，唉！这就成了文章！

35.艳俗

by Nicolas Delano Lorraine

我要,敷铅,德国面具,

童子鸡和童子军,燃和熄,鸟雀蹦跳,弹跃起一个五色黄带的珠子,飞到我面前,拒绝弹窗,衔个碎的像面粉和芸豆泥的玫红色,蛇果,

唉,高高地翘起,高傲的领头,海绵体,在商业街消失点竖立起一面崭新蓝天,给蛱蝶蚕蛾准备停机坪,葡萄汁的嘴里有发酵的味道。

撞入玻璃的光华,闪亮油漆缎光妆效,遮雀斑,白癜风和泄殖相关,给它组个词吧,字字落实,

翻译解释,翻译涕泪的区别和异意,

长开一簇彩绘的唇,上面对称的眼睛,唇峰和唇珠,唉唉,旁边开着一家店,上面日语陈列,

在招牌和货柜里基础教育,识字,五十音图,化学成分的片假名,舶来麦克风,家电和黑烟,

奥德赛,像性别一样流动的奥德修斯,改编,明胶和琼

白羽

脂的区别，往腮上裱一张海棠花叶，烧过炉灰作眉毛，灰烬和眉头那边的损与缺，

把水性杨花装入玻片，里面有一对叠压，叠压孔雀还有麦地里碾了有翻滚，玩偶情人都要成双成对，

剥开橘子，要理清积线和交缠，耳机线数据线，大腿动脉，口腔里，刮取莹润的水膜，我的言语，粉饰和表皮，

表皮嬉闹，又往扇贝两片抹上一层浮肿的柑橘皮，表皮飘逸，飞出一条字迹的收尾和长腿，

碳水油脂，吃食的残片，从哪里乞来，往铁饭碗：考研考公啊，基建，打破龙脉龙筋，挖断吴王一座山。

安慰剂，花青素，衬衣和咖啡店里的灯是冲咖啡的黄脸婆，灯煮熟，瘫倒一个叫萝拉（LoRa）的女人，手提一桶化骨水浇下，松软，在捶肌腱那边作肉泥。

戒断，戒断演讲稿，戒断口无遮拦的鲶鱼嘴，

输入月台，月台那边一个塌陷，月台腰两侧一个人造的地裂，落入海子和考量，唉，安娜，冷笑话，现代主义诙谐幽默，meme 和梗，

伍尔夫，海鸥羽毛上疏水层，油脂丰盈，鸭尾，卤味和娓娓道来，

把你波普复制，局促在彩灯下面头里挤压的汗水，下划线，横线或删去，

唉，腓肠肌，唉，比目鱼，是否从跟腱直插，塑装礼盒开袋即食，

果葡糖浆，地西泮捆我一掌，茂然生长，泪花灯花之下萝拉小姐，哎呀，我亲爱的，我亲爱的萝拉！

35. 艳俗

  胸衣上面哆来咪发，跳舞啊，膨化的龙骨，我唤你的名字，红唇黄调，苍白的皮肤！要在颈窝那边栽下多少蛇莓和酸梅，我多爱疏松，疏松的水，破碎的熠熠，往钨丝灯芯里，白炽的燥热，

  啊，怀念，你把我打散成了碎骨烂肉，我化作，红色中式新娘盖头要障眼和解谜，哎呀，我好爱你的花轿啊，颤颤巍巍几个人抬，

  飞行幻想，又要焦虑，往底下伸了又伸两只小脚，哎呀，我的新娘和新郎啊，我脏污的眼镜布，你脖子上坎上一块又湿又焐热的汗巾，

  我把我的情话排成一长廊，重组散文诗，长短是胸脯里面压了再三的小号和大提琴，我的萝拉小姐，你又叫什么名字？你是吕西安的幻灭，买了你几个春宵的红发贵族夫人，俊俏的萝拉啊！又回到乡野里，麦田里面将要发动的夏收，嘶嘶的蝉，我的心脏和太阳一样红肿，像腮和性红晕一样，萝拉小姐……我的情夫情郎和蚊子咬啊！

36. 貌合神离

by Nicolas Delano Lorraine

　　貌合神离，一双眼角的间距，
　　匍匐在窗台下的野猫，偷腥和罐头里皮冻肉冻，金枪鱼，
　　我嗅着，又要浅尝杯底的麦芽和啤酒花，我想着啤酒花，是否像泉眼一样四叶花瓣汩汩绽放，
　　泌乳素，催产素，听起来是像女人才有的东西，
　　银烛台要宽恕我，灯的油蜡含泪以后再张开眼睑和眼睑的吻合交颈，摆弄辞藻，我揩去灯泪的白而透光，
　　春梦啊，犬吠，一条蛛丝吊着一个月球灯，停笔又要洇开墨水，我的青春是母亲的善妒，我的出生是父亲的荒诞无稽，
　　青斑，我的青光眼，灼烧一个幻灯片，黄疸病，一本冲剂色沉淀的书，粉底氧化，不添加漂白剂，
　　搅动一个苦味的漩涡，搅动一个芯片的催吐剂，开放一个水底上面沉浮的雪花冰晶，雪绒花啊雪绒花，
　　我的手指走过地图，等高线，也有一个个收紧和截止

36. 貌合神离

的断口,地壳的指纹,一圈圈乳突层层叠叠,皮脂腺汇成河流,

——我教教你,我是天然的长辈。

——模仿法国人,你拙劣的谈话。

包法利夫人藏着一本情书,夫人在草莽生长藤葛纠缠的花苑里面,埋下煮熟的豆种和小麦,

包法利夫人,我只记得你的名号,

夫人,亲爱的,你黑而油亮的瞳仁,

爱玛,亲爱的,玫瑰色的桃腮和红颊,

怀揣鸟巢,离心力而起舞,甩落羽绒,泥浆,草茎和枝丫,

缠络了榕树的腿脚,长袖善舞藤蔓的蜜语和戏言,秋千,无忧无虑而怀抱和摇篮,

要用谁的脚趾取暖,长开,母猪腹皮那边一堆堆肉虫一样的猪仔,

游鸟和游子,溪水穿梭,又在心窝里有金丝的巢。

掀起脚背往上海岸接踵而至的浪花和潮水,又要堆起。

——三叶草,在你那边是否得的出,ego,id&superego 的联络?

——在心里轻念那个无法发音的名字,为他加上元音。

警觉的眼睛,在枝头穿过黑色的鸟的堡垒,夜色的林屯,

爱玛,放荡的年轻躯体,腰往下跃动海蜇和水母,腰往下,散落一片春心的孢子,

白羽

欺诈犯和多少少年人的梦碎,落入书页里泪作精血,精血又要跳进下一个眼睛,

精血是笔者一口痰,夫人,你美目盼兮。

赞美你,用尽我浮夸的赞辞,给一床烂稻草包上锦绣花衣,馊掉的浓汤鲜花和虫卵,谁这么形容自己。

我远望,远望群山那边,春和春的信使掉落的咳嗽和鼻涕,眼泪和拥挤。

唉,口蜜腹剑的文字和情人,口蜜腹剑的张扬,俏皮话,踩着脓肿追赶贵人,伶人和丑角,高高戴上一顶空浮的帽子,必将死,

呼号,望眼欲穿,填满深谷到竭尽,山岳丘陵要铲作平地,弯曲的要修直,崎岖要开成坦和阔,血肉和天主的救援。

我看一切都貌合神离,蓝眼睛和消毒灯光,书面纸面和脸皮,放荡,乳房放在桌台上,嗅到一股淫靡的味道,脑袋揉乱像鸟窝和稻草,被日落撵走。

假寐,羚羊脱网,快让飞鸟逃脱圈套!

神仙眷侣!

(本诗有出自圣经的段落改编,但作者忘了具体是哪里了)

37.死活鱼

by Nicolas Delano Lorraine

死鱼开腹以后鲜活的味道,随着鱼鳔,鼓起嘴又瘪下去,

唱起东京爱情故事,只会哼唱まま,拒绝弹窗,您有一条新消息,就像一个瓶盖,你过会或许会拧开。

快咬裘丽雅,雅俗共赏,嘴里喷溅激昂唾沫,吐舌头,肉红色的河稀稀落落,味蕾好多乳突,不同于猫舌倒刺,批评不得不恰到好处,口角炎和狼吞虎咽,范式格外受用,话术以退为进,申论大放异彩,

拖拉机和滚筒,洗衣机扭断腰,牛眼,小鹿眼,咖啡厅里,一根绳线婉转悠扬,一股乱步的格调,线谱萨克斯摇晃,奶沫联系到梅花鹿身上的霉斑,

石家庄人是薛定谔的猫,韧带抬起来乳房,马德堡半球,轰隆隆砰砰砰喷喷喷,不锈钢餐盘上面刀叉划痕,剐蹭黑色的涂层,毒死小鼠适量砒霜,约德尔调,往头脑上面插一根吸管和内窥镜,我说这是 suck you brain out,

哦哦哦,口角炎撑圆了嘴,oui oui oui,瘪起嘴,食客

白羽

埋到餐桌底下，一根针竖在瞳孔，一根针埋入鸽子迷信，矢状缝和 T 字，

跷脚抖腿，磕碎一颗蛋，往下踩，碗缘缺牙，牙齿磕了边，手指甲被钢琴紧咬不放，拴住了羊和出圈的裁判，出头鸟和电子计算器，财务的小数点和嘴唇一个模样。

滑溜溜的鱼，鱼肉在嘴里滑向咽喉，不知是生熟还是死活，叹，再作乡愁的一道泪沟是海湾，人道主义猪肉腥臭，减产再减产，芝麻开花节节高，

欣欣向荣，鞋底的沙石，口角炎，纤维化槟榔，岩盐绿或粉墨，帽檐压眼睛，blanco yet negro，滩涂那边抽起下陷的脚，

伏脱冷号导弹给幕布穿膛，剖腹刀，我嫉妒啊，嫉妒瞧不起的，倒睫里面的，眼睑下至手术往下的，金币巧克力和应试成绩，夸耀，贝姨和波兰公子，玉才华唱腔咿呀作响，

是加缪手记里面那个不漂亮的女人，这有什么关系呢？现代主义以丑为美。人间喜剧朱诺夫人代笔，纽沁根百万法郎，韦尔斯利破口大骂，口音和俗语。

唉唉唉，男人的额角向后进发，枕头上一汪油，交际花和发髻，这个高冷（雅克·高冷）和那卢梭，跷起脚来，奶瓶和乳头都摇晃，撑得鼓鼓囊囊，肚皮也像，

这鱼还在汤头里呼吸，吸了又擤鼻涕，鱼头肿得老高，福气的一块肉瘤，鱼眼睛里面一块白石硬节，鱼眼睛吃了耳聪目明，

死活鱼，也是，死了也活，活了也好比死，杜马聚聚散散，一片赢家和交集场，滑溜溜在管道和手爪的分岔和交结，

37. 死活鱼

坦荡通达，招摇过市的眉毛和眼影，几块人皮皂和肚脐眼薄皮上的灯芯，

古铜色的灯光在侧脸也打下阴影，亚洲人要顺滑得像水煮蛋，欧美明星要装上正方形棱角，唉，幸存的蕨类植物矮了又小，出头鸟加辣加麻。

茶沫鼓风飞了又回旋，斜眼的狗和斜视的小丫头，餐桌下面把剩骨烂肉咬得吱嘎吱嘎的狗杂种，鱼油猪油，飘一片夕阳一样光粼粼，软烂的泥和硼砂中毒，叹啊！还扑腾的水花迸射呢！死活鱼！

（谄媚女声）

38.登高

by Nicolas Delano Lorraine

刀痕和鲜亮，火焰在眉头扭腰，
飘逸，曼曼的蛇身，红彤彤的鸭脖店，气球垂落成哭肿的太阳，
硫磺味零落而雀跃，欣喜在红毯上一个个落脚点，过气流行游戏，跳舞的线。
碘伏，化学试剂的颜色，往皮肤上吹熏红的烟气。
收缩压，油水分离，肩头上万卷的海，展平又铺开，
为什么？到底是什么。
咬合山岩，垂挂腰间系带和鞋带，翻花绳的手，
对他人戏称邪术，鞋带和腰后面的蝴蝶结。
攀着登山石，脚踏樊篱和声如裂帛，登高至虎口，把一切嫁祸给意外和猫，
掉落在楼道的呼吸，困倦至懈怠，午睡时候风拂过树梢，摇落了风铃，束棒是一股抽打的绳。
什么是长期关系，什么是无事一身轻，风有一股诙谐的回旋，调戏逗弄，有意为之，

38. 登高

什么是健康,温暖,臂膀和才华。

我在细枝末节被诟病,一年级考卷永远难以填补的0.5分。

上丘脑下丘脑,上下影线,红了又绿,一树海棠错落,股市里一条鱼在沉浮,踢落樱花和最梢头的枝干,登高和跳楼,

芝麻开花节节高,烧根烂叶也蚜虫了,醒悟了,从耳语和督促,我走在那条走廊里,

从学校那边犹豫,图书馆阶梯一节节的,芝麻知识,也要断成一节节的,跳水

扑通,四溅了红黄,中国福利彩票,

我烧焦在身体里的胆囊,我汗腺的排泄,干哕,就用尿浇的花一样,氮磷钾,每个都失调,

平滑滞留,横杆上面滑行乳突和乳突,清楚的风雨斜打,白裙斜裁荷叶边,

要不要抽搐腰板?经颅磁,哒哒哒,大脑里走钟,环绕高架桥和同心圆去上下学,

我身体的控制权,我身体的全版权,

忘的记几个月忘不记过去很多年,袭击的林中小兽。

正念,往天上一看,没有一条路没有被钉死,嚼碎牙齿咬合不正,牙床以身殉职,

安氏二级,酥脆以后又要发潮,潇潇,薯片在牙齿那边崩裂,咸味沙砾和扁石,

我和你相差的时区,横纵轴都偏离。

白羽

开着灯睡觉来驱散鬼,受潮的两个季节,两年前又巡回,金色阳光,日暮金丝,

金毛犬巡回,这么说要触怒的神用左眼生出。

扩句缩句,落在猫身上和我身上的一个伸脚,夏天在我手心里脏兮兮的融化了。

6mg 色如黄灯,挖走脑白质冰锥和汤勺,手心里新长出一颗黑痣,要不要癌变,抢走了多少我钱包里的丰腴,

检索,抽签和筷子筒,电极片连接着一个哆嗦,刹那,斋戒入会和洗礼,推出牙缝里的肉丝一样的推出一句话,后生可畏啊,戏弄一样的贴在我被推搡的脊梁骨。

银针的一个滑落,缜密地缝合,踏着登山石,一直到虎口,又要到虎口,一支笔搭捎,

载我一乘?水浒英雄,义薄云天。

床单上滑动一双赤脚,我落下终点一步,这是否又要踩空?赤脚踩了猪肉摊位,漂浮椅子,落脚在圆球,

还要多少个山峰直到终结,我好快的心跳,孩童一样跳脚,山腰的飘带,哦,随风低头又颔首,发白的盐碱和发白的柠檬水。

好平滑,要聒噪,又粗糙,诊室里一个软软的靠椅。登高和缺氧什么时候能够停息,每一个晚上,我都在想:高原反应,烟花色和血色蛛网攀上脸颊,

劳拉西泮,阿普唑仑和其他的苯二氮卓,往纸上写一个共济失调的超大字体,解释症状学。

39.有福

by Percival

　　我看着，明晃晃的啊，我总是说跳的光芒和鎏金，因为想不出辞藻，鼻尖往上，嵌着美甲上钻片。

　　大家都有内脏吧，日本语歌里唱的，

　　天上很多小眼睛，芦花蒲草，我忘记了什么时候拽开一张旌旗，往侧脸里打一巴掌，

　　分不清左右的时候摸一下手上的老茧，我站起来，酒石酸是否解酒，富马酸是否有沙尘向上浮游，

　　我抽走，大脑里阵痛的低血压，血流也直起身来，

　　水色的药片，我看到有人羡慕，淙淙地从软腭里滑过，甜美的皮疹，阿斯巴甜是拉莫三嗪，

　　铅甜味，口舌生津却寡淡，

　　我忘记了，好多东西我都想不起来了，什么时候是你的生日，什么时候大石碎胸口，万能青年旅店红如霞色的呼喊，

　　什么人在听这种歌啊，国之长子是什么啊，为悲伤的荣枯烦恼，我牵动我爱的镜子里与我过于相像的傀儡。

白羽

煤炭一样漆黑的眼仁，末了用猪油抹了嘴，扬沙，我又想起富马酸，马蹄空心纸杯，咯噔咯噔好妙，首尾呼应，前文衔接，

提肌无力就要抬起眉毛，鹧鸪发音的卷帘门，拗断一支铅笔，断成很多节，折断从尚未闭合的骨骺线，

明黄的电梯间一张黄脸，黄脸婆啊，晒斑是太阳黑子，黄脸婆，你叫做妈妈和母亲，输卵管脓肿的颜色吧，

我猜想坦度螺酮是否有螺旋，阿基米德螺线，灯芯歌女，扭转要僵裂的长腰身，胯要翻转，

肌肉注射的枕头滴落了汗水，酒精的凉爽。

灯芯，垂头一捧花，黑红得像流量小生，灯芯又震颤，战栗紧缩，眼压要崩裂鱼眼里一颗硬石，蛋白石，走路像螺旋，要膝盖紧挨膝盖，我要转圈，我四方屋里的嚷嚷啊，奴才答应，

我的贫乏，我在好久之前写下的考场作文，胡编乱造，车灯喷薄出几片红漆，笔绕了几个迂回，敲下几百万个回车键，

绿幕上面又要扣下缺失的夕阳，夕阳下面又扯开，芦花还是霞风又要扯开凯旋红旗，

闪光的蓝宝石用作腋窝，磨损生命，

今天我是一只没有戴厨师帽的老鼠，在哪一隅里窸窸窣窣，龇牙咧嘴嚼啊嚼，杏仁果脯，开玩笑的白色蜜饯，奶茶的糖渍，

我好像忘记了很多事情，用油墨讨好老师，我扔掉了聪明的脑子，斟酌再三，

39. 有福

　　白嫩嫩，有福，这福娃，三花的招财猫，

　　俏皮的笑啊，春天不安的五彩，娇媚的几丝下垂的眼睫毛，春风熨斗，罗裙衣裳，荣枯。

　　我浑浑噩噩了许久的日子，蒙太奇里面猪头牲口，

　　想起一个动作或许叫做"翩然"，

　　我忘记，好多弹开的压片糖果，眼角残花飘落，余红在内眦那边又叫海棠，抛到后脑的枕头还要远的地方，摔得七零八落，

　　瞎编乱造了好几个春秋，我问，你听到了吗？

　　没有人回应，我以为蝉鸣和硕鼠都是真的，误以为曾经栏杆的那个豁口，戏谑是风太薄凉的楼顶，哭倒长城又怯懦在"太凉"，

　　下面图书馆阶梯的骨骸线，一阶一阶，青春初潮拼凑，我撤回了脚尖。

　　他们说这是知识的海洋和苦海无涯，浴池和肉汤，我觉得这是有福，侥幸苟活，

　　我坐在那边哭，又要是谁说我是小姑娘，无福消受，

　　兽头里面虚咬一个门环，砰然袭击，这是年兽牙齿的声音，推敲了门牙和文章，

　　有福，我说我好幸运啊，没有一脚踩空，

　　我说，我有好白的白皮肤，一点小钱和一颗聪明项上人头啊，

　　喝豆浆的人转着碗边，嘶溜，树叶讲道或是口琴。

　　我忘记了好多，生日快乐，如果我不把这些都写下来，或许会忘记所有事情吧，

白羽

我身上刻下的痕迹,拱桥一样弓身,

养蚕人,蚕和温汤的纽带是一缕薄丝,倩丽暧昧的雨丝,今天些许寒凉的眼泪都要从阴霾色的铅色额头往下飘飘洒洒了,

今天几月几日,两天前,生日快乐,我为我忘记的补上一句,在我清醒的六个小时的有限时间,

有福。

40.唱衰

by Nicolas Delano Lorraine

醍醐，枕头上一汪醍醐，产品标签是为男性，

甘草含片又植入，更替鼻软骨，辛辣绿色配脍炙文人，尖酸语言像电梯冲顶，

害，喉音也没有胸部共鸣，唱，音符的第一个词，闭塞音，武侠神功任督二脉，

我迎风流泪，一定是又有黏着眼角，天光从鸟巢下落，白墙上一个光斑漂移，阳光敲打玻璃，

蓝斑第四室，我大脑中的苦杏仁，纺锤体好似真的在纺纱，

一颗咕噜噜要展亮了歌喉的白果，瓷盘上油润又荧光的记号笔头，

诗歌抄袭配料表：矿油、鳄梨油、硬脂醇甘草亭酸酯，洗稿，又标新立异，一字一句都是重点。

倒背如流，使用方法：甘霖恶露，有一个字和贬发音相似，

白羽

　　谁在赶马，上唇噘起一支笔，纹绣眉笔，庸庸碌碌的爻字样，磕头在眉骨上转折，
　　我惊羡，像电商平台的廉价好物一样拍一到十，胜利牌倒转落下的烟丝，无厘头喜剧以悲剧为内核，上升一个个名词的政治哲学，如胶似漆，日久生情，红隼追逐鸟中乐师，
　　紧捏着香烟末尾，火车载着温斯顿离去，为什么温斯顿不用登记？温斯顿把叛逆的情爱送往栗树下，黄腔的嘶哑下面。
　　稳稳当当，沿着自动扶梯的履带先一步攀升，伟大胜利踩了前一个人物的鞋跟，接踵而至，栗树的硬壳还在包裹。
　　裘丽雅冲上前锋，树荫底下天空给他们递白亮的纸条，我的迷魂药，我情人见到我就活络呆板的脸，涂着白粉的老妓女。
　　灯光奥勃良，布兰科飞行员，仇恨羊脸，未来写在床单的地图上。
　　未翻折的领子，错位的衣扣每一个都顺拐，一个个脚印稳扎稳打，全都走错位，少糊涂。心里的死结。
　　我的心路和电梯一样是上上下下，喉舌也是直来直往。
　　又看望地下，跌到楼道的每个折角，磕破头和膝盖，戏称孙膑，蹒跚又倾倒，尘土撞往敞开豪放的胸怀，鼻子上滑坡，
　　我说，应当整饬，这是设计师有逆鳞和鱼刺骨，
　　吹气，肺里鼓风，胸里震荡着盘古，混沌天地又一次展露，在放号，泡沫一般冉冉升起，蚕蛾毛绒的触角，联系到光洁亮面的一匹布，

40. 唱衰

亲爱的你慢慢飞,好似昆虫交尾,滑梯逆行。

分离主义第一次实践,实践在嗅和听,肢解飘散转而上报,

在健身场地爬一个又一个横杆,报销是账单和网开一面,飘飘然啊,在高处又吸不了气了……面向大海,春暖花开。

遵守了契约的撞得东倒西歪,婴儿学步车,往外一撇的脚和猫后腿,

每个都歪斜,登入系统,污名化的同志一词,

性倒错,一个骂名。

踮起脚来,地沟里摘星,谱写辉煌。

国富论,是的,在经济学和法学之间,有人选择了厚黑学,在药学和心理学之间,害了相思病和花痴,对玄学娓娓又媚媚。

这是气血不通,小辈,开了一张传统医学诊断单,吃老祖宗吃出肾衰竭和胃病,我在地铁上面参照过劳死和过劳肥。

歌曲串烧,青云,我哪天要踩上去,云霄下面有鸟撞入飞机,教室里座椅排名的顺序。

该死!水要逆流,往高处踩空了,看见女人刮腻子就要又羞又恼!哀怨没有老娘一样的女友,裤袋后面拾掇,眉心是油脂的朱砂还是恼人的"川"字头呢?

黄色的呕哑嘲哳。

第一性的批驳,西蒙娜,秋波收不到,情书寄错了收回脸红又紫青了,

白羽

　　两小无猜，花草荟萃，只对美人施展博爱和怜爱，狭窄的鸡胸一下子拓宽了，矮子踩了高跷了，肌无力娓娓道来，美目盼兮。

　　妇人看到魔鬼捏的那东西就要以手障目，

　　规劝，毛茸茸的触角，猫猫狗狗的，

　　讲讲规矩和王法，清点还在脖子上的人头。

　　是的，万福圣母玛利亚。

41.蝉蜕

by Nicolas Delano Lorraine

剥落粉红的假薄膜和假皮肉,在指甲的弧面上面涂抹自动平流,

我从手那边褪皮,我剥落夏天的花朵一瓣,妩媚在朱红之前,我摇头,

这是晃或摆,我剥落的蝉蜕依存在花的腋下,洒在花盆的棕靴底下,瓦陶质地,气孔的鼻翼收窄了,

火星灭灯了以后,我想这是他们社交距离,

我逗弄,喷喷喷是小土狗的名字,就像很多个猫都叫咪咪,

我嘴里吹出来风的韵脚,黄灿灿的星点啊,在朱唇那边走了两步就散了,

我捏着花蜕的皮,家猫的毛脱了又脱,兔子跺脚,毛衣换下来,好多金色的软针,

好像没有什么相距甚远,摸高,手和门框贴面礼,花和蜂的绒毛颤颤巍巍,花枝乱颤的笑不露齿,

白羽

　　我用息斯敏安慰流逝的东风，东风撞我满怀，又躲在我身后，潮红的脸藏在灌木丛底下，

　　草叶踩得七零八落，栽倒下去的腰又会支起，鲜嫩气味的草汁，地砖割开这新鲜的肉体，

　　一湾水要东流直到挥别入海口，预见到了，掀起白沫像是招摇的手，

　　我要挥别，曾经的日子，我挥别了好几年，我以为我喜欢你是很短的日子，但其实已经过了好久，好久，

　　又一个夏天要来临，从躁动的风流里，鼻尖感受到你的吐息，你和夏天一样开朗的跃动了，小麻雀，花蝴蝶，

　　在哪里有蜜水或是泉眼的地方逗留，欢欣的瞬息和啄，火星一样弹跳，蹦起来，发汗药的夏天。

　　大概是错觉，你站在床旁眯着眼睛，灯比明火更艳丽，挤压的眼轮，灯太阳从你眼睛里落到我眼睛里，

　　想你手指伸入我的发丝，想给你我都卸防，脖子下面拉夫领是否让人硌得生疼，我听见光拍打翅膀的震荡，

　　我知道了，我在一直以来对你的猜想真的成真，

　　你是鸟，是蝴蝶，是会飞走的一切，轻盈而飘逸，风撕碎蝴蝶的翅膀，

　　马上又要烈火烧燎，热浪又要滚和流，城市会热岛也失聪成音岛，

　　我喜欢你衣裳和靴子的：绲边，我瞥一眼，羞涩不愿谈起，我不喜欢说起你的名字，

　　揉皱了，从过去一直绵延到将来，一袭衣袖揉皱赭石的垂头，吹痒了眼睛迎风流泪，

41. 蝉蜕

萎蔫了,又低下头来,

我什么时候才能找到你,折腰为了五斗米,

是彩虹,你是伊里斯,从天边不知哪头开始横跨,又消失在云端,云端风云涌动,

新的日子要在每一秒后带来,夏天会褪下一层硬壳,从蝉背的裂口钻出来,依偎在叶片肥厚苍绿的树冠,

我知道,我知道你是风,是一个缺损了的日子,和我耳鬓厮磨,身体又蹭得汗湿,你从我生命中路过,

桃花腮的含羞,卿卿我我和辗转反侧之后床脚吱嘎作响,太过丰富,刹那的烟花四溅,迸射了欧珀的火彩,

我从身上剥落指甲油,剥落眼泪,汗水和关于你的初恋,蒙昧地摇头晃脑,我爱你,是身上的蝉蜕,

扑入你怀中,你要和我走过很多地方和时间,被冲昏头脑的都是愚人,我攥在手里,我的蝉蜕,偏执狂的爱情诗。

42.更加鲜活

by Nicolas Delano Lorraine

　　我在冬夜里停留在猫咪咖啡厅，
　　我看往蓝漆一样无光的夜幕，布偶猫带着一个小丑的鼻头，娘胎里撞歪了鼻梁，
　　耳机线旋转，卷起一阵痒在鼻腔的羽毛，
　　我捡起一边失聪的耳机，落下一个柔若无骨的脑袋，我想起夜，夜晚蠢蠢欲动，要篡取了路灯混黄泪眼，
　　吸竭了我的宁静，夜晚在楼层上面徘徊，像从家到公司学校，两点一线，我拨开筷子两道窄长的飞蚊，
　　某一刻我误以为米饭在胸口呼吸，弓起了背后又匍匐，随后狼狈平摊，平摊在碗的陷落里面，驼背填平了凹陷，
　　瓷碗，是否磕了牙，是不是一个宫腔或驼背的人，铁铲的刃上的佝偻，刺向土地拉开的弓。
　　一头冲向玻璃，冰糖的墙壁，唾液舔过以后才被污染，甜味剂一样的头昏目眩，苏打水刺向上牙膛，
　　啼笑皆非的，旧时花鸟市场躁动，
　　我拨开一个黄皮肤的胸前，血肉癞葡萄，风纪委员手臂

42.更加鲜活

上的红袖章，咧开腹腔赤红肉色的嘴，甘甜的从唾液腺里开闸，

我想得到，红袖章后面的嘶哑喉咙的魔力帖，乳突尖锐，蜗牛卷起的牙展开了一半，红纱网的云霞在单只臂膀那边萦绕，

癞葡萄是苦果后面逃逸的欢愉所凝结的，癞葡萄咧开的嘴嬉笑，名字一样的要泼皮，皮肤上暴凸了一串串淋巴结，糟头肉。

血压仪……挤压我的脉搏，眼珠，烂蓝莓。

惰性，眼皮耷拉的猫，猫是否情愿被人把玩呢？脑中挟带了一些许哄笑和嘘声闪过，

这是儿戏吧，踩上土路，折返跑。

细枝条，不堪重负的亚麻纱菇娘果，亚麻纱，时尚品牌钟爱乞丐风格，穷人铁皮屋上面蓝色铁板打起一个补丁，口红，装在玻璃罐子里，我的血要抽样质检。

菇娘啊，你身周和肩膀披一层苦味的羽衣，蛙眼睛里的瞬膜，

又要被车轮碾作烂泥，从枝头拂过风的哆嗦和抖落，

远方逐一逼近。

剥离南瓜藤，剥离老旧的壳，水面上如同一层札甲，马齿苋叶片的圆边，

远方在我鬓角那边驻足，我鬓边的咸水，后颈上发汗的天气留下凝珠，

长虫，水路贯穿纵横，长虫，橙子经络里果味的卵。

白羽

棒冰和冰棒，罚单被剥离，白纸一样天上面有批注的树影，语言现象如生命体征格外奇妙，

嗅觉在这里歇脚，

桃花一边偏倚，我想是倾倒入谁怀，花墙刚刚启动脚步，日照那一排铁矛，长出霓虹色斑，倩盼的眼波。

甩动银剑，日晷偏移，湿漉漉的猫鼻子和狗舌头，粉红的长虫在嘴里晃荡，嘴里含着熟成的桃花，

短腿的狗像毛球一样在地上滚动，玩具长出了皱纹，像刚出生的孩子一样皱巴巴的老人头，哭丧着抱怨真空包装，

不吉利的毛绒玩具，我散落在地面上，左手抓着床腿，右腿恳求夜灯不要再抽噎吸进夜风和瑰丽的彩霞，

涂抹交接，玩偶舒展开脸面，吃胖了婴儿，落地窗外，调色盘垒上更暗淡的砖石，

你像是苹果汁，黑夜啊，你是扑我而来的海啸，黑夜啊，眼波里的焦糖色，眼波里凝结的光润琥珀。

学会一个词叫弥新，像是飘散的一缕香火的烟，锡箔在咳嗽，银亮亮的，我想着，弥新这个词一定有绛紫色的脸膛。

或许是的，暗淡的夜色往下又要有激越焕发，一切都要更新，我坐在台阶上，明天要下雨，瓷砖会流泪，红符上墨要生出一缕乌发，这都是要，弥新。

43.琴弓

by Nicolas Delano Lorraine

切割琴弦，推敲是钢刀和突刺，一块满是筋络的肉，我想熔融的玻璃好比纱网，

眉头蹙起然后紧压，眉头的一堆软甲，提升松弛的太阳穴，提升薄荷糖吸入到鼻腔，抬升下巴和呼吸，

切磋，红缨晃荡，大抵是督头比武，拉锯，要在石灰线上往返切割，推杯换盏，后撤一双双脚，

我削去的皮肉，擦去无名指内侧草莓皮屑，冰袖里储蓄细汗和一腔年轻人的意气用事，樱桃包衣。

白露变成金银，我的呼吸向下溜往，顺着滑梯，人中和滑雪场，芭蕾舞脚尖，挥鞭转已经无法细数，鞋尖钻往鼻腔，

切割琴弦，大拇指甲床背面往下橘子的油网，榕树的弥漫，切割琴弦，一个豁口，

天突然睁开眼睛，黏膜上面是骚动还是钝痛，鲜活的腥味，太阳会给琴弓开刃，

抓黄鳝，

白羽

从我手指的心窝里逃走了,滑溜溜的,身上一层鼻涕,小蛇疏松了烂泥,

要怎么样啊?要这么样啊?语词沙拉被搅动得窸窸窣窣。

父性的幻听,咖啡屋里背脊连成一整牌的长城,大宫女,手臂搭在肩头,大鹏展开臂膀,男性坐姿的双腿和手,靠背上面有我的皮肤,

汗毛直立,喧哗的嘴唇闭塞上耳洞,我抬起头,

钢丝垂钓,灯泡悬在银钩上,一个油亮的光头,照下来脂和膏,剖析颧骨的内外,

皮革面的斜坡油光焕发,荷马在这个坡面上写下西西弗斯的故事,西西弗斯会在这个坡面上绑架死亡吗?

我的膝盖一侧往里,巨石抵着膝盖骨,侧脸上毛桃的果皮,灯光透视我人格的里表,

急促地流逝,金光婆娑,栖居在绿叶罅隙,她嬉笑露出的牙龈,嘴唇和嘴唇的闭合和开启,

在好多个门口那边,

飘摇的几页薄膜,膨胀的肺叶,从门框下面垂挂,白日缎光在飞渡,一叶障目,

错落了光和黑影的舞步,太阳炽热的电瓶,

洞门猜忌的抽气,一脚闹市的油门意欲赶集,一脚踩到底,

冉冉上升,呼喊或是聋哑并无差别,滚油的合声,水汽轰鸣和爆破,

我习作上面歪歪扭扭的字,我一撇和一横的夹角,窄小

43. 琴弓

的容纳了我的时光同日光横渡,我飞向的每一个笔画,流溢在创伤的纸面,

一个个凹痕在背面复写,掂量,掂量书能折叠成高楼然后坠楼,掂量哪里有我的颜如玉,我抹掉一个词,纸面上一小块黑夜被植皮,

破晓,弥赛亚。

琴弓,是芦荻缠成锋利的一个闸刀,杀鸡用牛刀,我闻见鲜活的腥味,你从锯声的音乐里滚落了好多的音符,这些音符是否也是咸汗和铁锈色的体液?

牙缝里挤出红利在卖乖,献媚一对童男童女,

托尔斯泰在车站的雨雪霏霏,编织袋上的脱线,抽丝剥茧的越来越空缺,被子叠起赘肉的夹层,

鲜活的虾在弹跳,

土耳其的蓝眼睛在工艺品上,蓝眼睛,转动的太阳,睁开眼睛,看看我,科胡特书里嘴唇嚅动的吻落在我额头,

芭蕾舞一样弹跳,挥鞭转,用抽离手肘来封闭最后一个音符的油膜,米粒的油渍像是湿漉漉的眼睛一般期盼,

我从胃里面又开始反酸,门轴的哈欠声哀鸣颤抖,我想起哄骗我的谎言,他们说捏捏鼻梁鼻子就会长高,

我想鼻软骨的问题就像酒肉一样会发出"干杯"的脆响,案板上的琴弓也因此发出来不合主旋律的锯声。

44.竹节

by Nicolas Delano Lorraine

  筷子制晨露浸润棕色的雪顶,从手指那边长出三角形的唇腭裂,含糊学语,还在絮絮叨叨。
  掌心延长成竹节,未完成的摆荡着一手空衣袖,半瓶水晃荡在澄澈的灯泡腔,竹节手掌下面水波碎裂,晨曦拓印在手指和手指的穿梭,
  复兴的菜市场,即使腰板佝偻也会在我认知的切片里敲打成钢筋铁板,
  佝偻的是腰果仁和黄瓜藤的问号弯钩,兢兢业业的,从背后被推搡了活气,
  或许是菜市场在锅上被炒干的味道,锅气从升腾的气孔里和油烟,柔软招摇,退远的鞋印化作惜命的怨艾,
  晃悠在打旋和扑朔的烂泥,无业游民,践踏在菜叶和瓜果的青汁排泄中,
  敦实地走一步,好生养或是猪肝红色的朝曦飞红了一笔到指尖和唇,绿叶睁开狭长眯缝眼,从跌宕两个字上摔下来,桥边石板踏裂,

44. 竹节

　　跌宕摔得血肉模糊凄惨,自尊被直立抬高,望远镜式的落在一个个坑上,

　　哎,我磕磕碰碰的人格,雨打泥坑,病理笑起痴妄的两个酒窝,一连串提示音打到账户上,后面接踵了几个零和小数点,欠款还是要还清呢?

　　彼岸句号字样悬在天空,光弧包吞光弧,天狗嘴角舌头和涎水溜下来一串雨流星,

　　额头的犄角在男人头上向后进军,毛囊的退堂鼓在头上打的比心里的算盘响,说文解字,

　　拧转鱼身,轻捷地和一个个涟漪脱钩,天的远方在鸣啭,天腮边拱起一座黛眉,

　　涂的花猫一样的脸,过火的飞红,小镇上面好多个足弓抬起,我想这是你从这里走过遗落下脚上的印泥,我揣着背包里的蓝眼睛,我揣着一背包的镜像,辟邪和招财进宝,

　　我从凌晨醒来,胸口激荡转折的风,气温要陡然攀高枝,也陡然地神鸟贬为斑鸠,

　　花猫的脸上颤抖腮须,圆钝的街角从墙壁上滑下落水管的锈斑,剪去了又垂落在嘴角两边鲶鱼须,

　　我曾经问你要不要剪头发,答非所问,你被责骂,

　　我曾经问你要不要和分析师或是分析对象谈恋爱,

　　我说,荣格啊,你的消沉没有作答。

　　我说,鲶鱼须啊,花猫的感知器,他们为什么要剪掉呢?枯黄的落下蔷薇的脉搏,或是乌黑的留下绿植烧焦的精血呢?

　　我从掌心生长出竹节,我与彼此,我陷落在城池内馅里

白羽

面的水井和花藤栖居的所在，喜鹊或乌鸦还是你的化身，喜鹊或柠檬片里的玎玲栓塞。

从喉咙的疼痛里袭来然后吁唱了一个潮湿又窒息的气，我揭露下五金挂饰，项链环着猫脖子，

领口颤抖腰肢，风想要捧腹大笑，我听着远方车马淤结，就像年轻人的眼袋是一团作祟的难以入眠，我通感到喑哑一定是铅灰色，喑哑滑进我们这些罗马人的喉咙，这也是欲将。

天上飘着红灯催熟，晚空眉云流墨，流动菠萝蜜的青色羽绒，青色的坎肩，装在将要压进衣橱的东风夹带萧瑟。

湿漉漉的饼干和湿漉漉瓷砖的泪腺，催熟的在果实胸脯那边吹气球，蚕豆上市了，餐桌上一股豆氨味，我想到蚕豆啊，蓬蒿和雨打风吹，颤颤巍巍的花藤一样，花猫的鲶鱼须一定又要和蚕豆一样长出来……我被削剥零落的血肉，也一定会像竹节一样长回来。

45.小情人

by Nicolas Delano Lorraine

猫嘴里呜呜咽咽，嘟囔和哀怨的小情人，
猫在门口叫着，被宠坏的小畜生想让人抱抱，
但是抱抱它，它又拧着身体像搓绳似的把自己从爱人怀抱里甩出来，
猫和搁浅的鱼一样弹跳，摔在地面上跑走，猫在锅上翻腾，哞哞地牛叫，从人转为兽，
窗子里一枚巨大的白光射向门那边，猫不叫了，
也许这小畜生和预想的一样跑开了，它的膝盖不会颂唱哀求，沙龙前管家遗落的戒指，粼粼的像秋波一样，绑在乌发的打结，
从外面陆续走进来沙龙，沙龙的口舌耳唇，好吃甜点的夫人，想攀高的寿司子爵和耳朵里爱听杂谈的，
他们都走进来，风和传单唏嘘地走出小店的玻璃门，短裙下面有黏腻的凳子腿，
我打算再说几个英雄主义故事，烂熟的伎俩还能钩上几条肥鱼，沙龙阳光从手指里溜走，

白羽

风啊，阳光如水和雨露一样顺滑，这些风雨和露水坐在一起，不知什么时候已经开始了，鼓盆而歌，棒槌鼓捣黄油，

英雄主义在喉咙里唱道："沙石爆鸣破山麓，煤油会与荣光在地里趵突。"杜鹃啼血的起承转合，已经有脑袋上镜子迸射羡光，

鱼已经在钩边徘徊，石油是否要把膝盖撑直，沙龙里有一个榆木脚下生了根，疏通血栓，排挤淤泥到送餐窗口，翩然浮现，蝴蝶翅膀在脑叶拍飞，

说，普鲁士人破烂的军服。

蹲下和膝盖在收拢，不负责的不如猪狗，耳根有点灼烧，这火是否要烧往走廊烧坏头脑，火势联盟，那个榆木的脑袋一动。

我前进一步，已经不能追回窨井让其回流，

我瞥望那边，有些仍然在灼烧，心尖的厮磨与刀刃，白刃如梭在空中辗转，

说，奥地利人的债墙。

金属关节和床腿"吱嘎"，绵延的火势在草地烧出多汁的噼里啪啦，火星嘶嘶抽气，将痛的水浆吸往嗓子里，稀薄的热蒸汽，火星噼里啪啦，债务危机已经着急的眉睫都被火烧。

哦，睡在枕头上，头脑陷入一朵云，红脸的梦或许被苏醒，我倒吸进废气，猫低低絮絮拆丝的怨言，躲在床下。

小情人，我是否把猫关在你房间里，最璀璨的宝石也不能比拟的是你眼睛的镜子，

45. 小情人

排气管脏污喧哗,小情人,我和你心窝是不是假挠假咬的玄虚被故弄?

眼睛里光斑飘动,猫撤回我皮肤上的肉丝,我听见腰抬又落,猫蹦上床头,打翻红茶,红眼的嫉妒在飘然在空气中,

英雄主义紧紧缠作士兵的绑腿,陶土咿呀怪叫,我形容那彩霞如霓,要坐船溜走,蜂蜇皈依在耳垂,似乎要肥大的像茭白的孕肚,喷吐羞涩和飘飘悠悠,弹出脑袋从颅顶飞升,

我还在吹嘘,我让红气球患上胀气病,不适积食,红气球枕着一片安禄山的赤诚之心,喧宾夺主,要篡位成了太阳,口耳也不再顺从,

说,华彩,我要带你回乡,衣锦睥睨云霞,华彩,不要割断稻田的地基,夏收将要扑入我怀。

小情人,我停在这里思考了一阵,摊主推行着咕噜噜,鞋后跟硬的面料磨破了脚,疼了又痒还不能挠,我提起鱼竿,水花又抗议,小情人!

白羽

46.47.豆娘眼

by Nicolas Delano Lorraine

纷繁的蟾蜍腿,橡皮被种入多少个指甲和铅芯,胶鞋下面滚动着病菌的小刺猬,小腿蹬在桌洞饱腹的肚皮下面,

小刺猬,它是否落入水泥地板囫囵吞食的口腔,磨损的小方块内里积蓄着错别字,连坐了百无聊赖,作业本上乱涂乱画,

坐在后排的女孩,虫牙向我傻笑,糖果肆意在乳牙上面涂满甜蜜的漆黑咒语,虫牙传染到我的眼睛,

小货车长着咕噜噜的脚,车轮浑圆脸蛋翘起嘴角,要捎上亲朋好友去,啊,手捧花酒醺的婚闹,司仪的寄语要挟持新娘,

错写了"E"和3,他们两个面对面击掌,把额头磕痛了,就坐在地上成了闹剧,他们的鞋子也抛在耳后,笔画端正以后,这对好朋友就流浪天涯。

同乡的蓝皮货车运载着喜悦的毛竹,分出很多个枝节,毛竹的骨节是蜘蛛腿修长,骨节呀……团圆碗里晒伤的虾蟹是同族,

46.47. 豆娘眼

　　虾的晒伤传染了火辣辣的烧灼，熟红通过接触传染，融入我指尖，虾一定是从蟾蜍那边习得毒蜇，

　　麻木不仁的喜糖巧克力，蹩脚的红布瘫在婚床，小朋友，帮我多要点喜糖，新娘子可否在收拾着金光跃动的灯花？

　　错序颂歌，我在讲述，村口庸俗故事，水井说书人，农妇守在稻花那边在春日折纸花，猫狗匿入草垛的毛茸茸，纳税商人和女儿打架，

　　小朋友，你是出走还是载在蜻蜓背上？豆娘和蜻蜓不是同一个浪子，青空和豆娘私情连线，碧绿天幕长着豆娘青色的眼，

　　豆娘有纤弱的母性名氏，豆娘，食肉的生猛，情夫乌唇里面獠牙惨笑，蛰伏在溪流的情言迷惑，给蚜虫喂南天竹的红果，

　　豆娘的薄纱青雾，扯开夏天迅猛的捷报，光华饰为霓彩衣，金属的刚强和啫喱长在一架薄翼，同心圆和双生花，

　　豆娘……天空的情种是否寄生在你霓虹的甲壳，情夫啊，穹顶的弧面上喷薄太阳的斗篷伤了眼，

　　你是世界上最好的药，特效药卷在舌尖又压入舌床，反复回味都不舍得咽下，夏日洒落蜜枣色的光辉，

　　我钟爱，树的婆娑痴话，袖与肩的连接处抖落无数的金银踩碎，翩跹地用趾骨起舞，日光被碾作棉絮，

　　豆娘，好想幼稚地和你在一起，你的眼睛与眉都演绎了天的生息，吃蛋糕的时候把奶油抹在你脸上，把舍不得的草莓也给你，你名字和青葱一样翘起玉指。

　　与天流连，青色的穹顶在没落的夜里也濒临塌陷，续弦

白羽

的湖水色架在豆娘的翅柄和腰肢上，豆娘驼着鱼鳞，马鬃和山峰？

我和你玩玩偶过家家，熊和兔子关系自洽，哦，门落入门框的怀抱，灯泡找到了他命中相许，金属丝在迸发亿万年的核爆，

剑进入剑鞘，洪汛的日子沿着河床顺流而下，在你面前要别人看不见藏起来的小孩脾气，

情人多情，拥抱的时候地球以我们为地轴，天地颠倒，湖边的长草是否能见证水天一色，长草也在谈笑，豆娘潜匿在近岸，日球也跌落入湖光粼粼颤动的怀抱，

乳牙，乳牙在林地追捕着鲜嫩的栩栩，夏天的胸口有着青蛙一样鼓胀的鸣叫，你是乳牙嚼烂的奶糖，你是啫喱，铁皮和啫喱长在同一具身体上，

睫毛下面是防窥的私密，故作含蓄欲拒还迎，草也衣袖也瑟缩，

我的乳牙压在床下，或许也在屋顶烟囱那边攀高，这些都会轰然倒塌，故土的瓦砾，我曾经的童年所在也化为沙石，强光泄洪，影子剑指何方？

我从垂垂老矣的婚庆店里找到奶糖，奶糖牵连着这些年的碎碎念，天空患上黄疸发烧，

你怀抱里有奶味和豆娘的腥味，故土余韵在灌木丛的烟灰里温存，

滚，滚出去，青空的哪一隅和拐角属于我，我和扫地机，这个总是卡痰和头发的痨病患者和我坐在一起，它也有着苍白的脸和薄脸皮，

46.47.豆娘眼

　　易拉罐硬朗的铁皮发出僵硬的变形声，讥笑汽车危机踢到他腹部的脚，易拉罐凹陷着小腹，惨惨地笑，它咯血时嗓子里像啐咳，喷溅出能量饮料的甜咸掺杂，

　　豆娘坐在我一侧的耳朵上，豆娘能逃脱老狗的命运，年轻时奖励几个肉骨头，没有用了就宰肉，我记得我舔嘴唇的时候，有人指着指着厚嘴唇的反例，说：会变成厚嘴唇。

　　到今天我还在因为嘴角发炎而恐惧，两瓣厚唇就吞下了我的一整个芽苗，智齿哂笑。

　　豆娘，情人相聚如同拼图咬合，兔子的胡须也要嘤嘤地撒娇，

　　我为了找我心头小猫，我栽进了雨中的折纸烟灰缸，竹架上红砖像炭片被剥离，多少个噩梦缠身？

　　血糖把我塞进了另一个困顿的雨，阴霾的蒙昧下面噩耗扼住我的脖子惨叫，自顾自的，阳光挣脱了地牢，突然有跳脱着讲述他事业的气色。

　　我嗅到几度蝉联……流感，疫病，豆娘，红彤彤口角扒着层油腻的眼药膏，润唇膏像一层烧制的釉，覆盖在唇上，

　　我嗅到水果店里芒果明黄色的油漆味，芒果的麝香……啊……热带的发香，木乃伊一样缠络着夜色，青草和繁花腋汗的味道，软和的……小虫嗦吸着草，长草的玄妙，一深一浅在胶鞋底下爆炸，踩空了烂糟糟膝盖和后脚跟的红肉，

　　我的友邻是苦竹戏弄，枯叶错看成了猫耳，我丢失的谁在嫁祸？手背上眼线笔也述说干涸，被褥香气的阳光满溢到汹涌，地砖的水波翕动着鼻翼，绿叶名为彼得·潘，小猫啊，豆娘会让我找到你，我有豆娘青色的眼睛……

白羽

48.49.生青

by Nicolas Delano Lorraine

　　因为一个字眼，我心里发毛，我吞下斑斓的霞装，霞光生发在药片上，

　　草履虫，我枕头旁边薯片纸罐咸鲜的隧道，火车开往一轮黄的禁忌，又要停下脚步的太阳，哦，三足鸟飞往枕头和床头接吻的沟壑，滑行，嘶溜地喝着碗，豆浆和嘴唇破皮，

　　松软的，或许我骨骼如河床疏松多孔，草履虫萌生出来，哀叹着，长出青霉素，摄取蒸汽在酵母腹腔里外强中干，酸头涨脑，培养皿里求之不得，菌丝披着白大褂，走步避开紫光灯下，

　　我身体有里异样酥麻，灯的流明汇聚了多少欲眠，我手伸向盐和糖，沉入昏睡，蚱蜢后腿模样的瑟缩抽动弓弦，手掌软弱的分支，兵分五路，头脑沉入梦的手掌，夹缝欢快的鸣叫，

　　我在自欺欺人，城市的叶脉分叉，输送潋滟，鲤鱼和湿润，落入海棠，叶脉用藕一样绸缪的丝缕深吸，释然在这些鳝鱼挖走的藕，

48.49. 生青

  我在这里，鼻孔以黏液增长见闻，时节娇声的高涨，春花秋月在花瓣茶水里自取其辱，我嗅到甜与腥，高血糖的味道，红颜祸水的水沟骚臭里面，上传到谷雨里，

  草履虫在增值，我超价的随想，重瓣花也肆意增值，绿的绒毛，

  我觉得那相依为命是草履虫与长青，绿毛被毛在河畔的喧扰，草履虫的绿色名字和草鞋脚趾的破卵，杨柳被发覆面，

  我乳房下面有红吻痕，心电图给我上烙铁，烙铁攀过乳房，皮下的血管破裂和心头一同有烙伤，绞痛，绛色在蹦跳。

  窗台吹息掠夺了鼻尖，送气，盘旋不下，肺泡像洗洁精泡沫一样有针状的阴毒，墙角石灰白扫帚被吹拂，鸭血红砖内眦赘皮下濡湿的泪花，猫的影子躲躲闪闪，谷雨过后旧瓷砖，

  蛞蝓身上蜗牛壳和松果的多余，心电图一样肌腱的爬坡，酸涩如肌腱一般隆起山丘，蜂蜇和红梅落在胸上，水滴一样的韧带环绕……

  我看见陈旧被关在厚玻璃的罐头里，早餐的时候就是卖场，挑挑拣拣，莴苣绿叶被踢踏踩烂，路上自行车轮胎排挤石子，两者都落进鸡节俭的胃里，

  褶皱的腌黄瓜，砸锅卖铁，锤年糕，我睡前遗落在旧小学水泥板上，拨开歪斜的板牙桌凳，戒尺在手心打肉丸，

  生涩，我嚼碎了，嘴里是咸甜，味精还是生青？枕头上

白羽

脑袋的城池陷落，我脑里是水作汤，鱼池受害，大脑里炖煮灼痛的肘击，滚沸咽喉吹奏小舌颤音，蝌蚪认娘，

窗户给光画上眼线，静候佳音，猴脑里喜极而疯，喜悦在地板上穿着靴子蹦蹦跳跳，踢踏，窗外谷雨如棉絮，唾液喷淋在麦克风，

仍然在踱步，我走在枕头和灯花的明眸娇媚，半睁半眯，小毛桃瘦得嘬腮，我的心和身体雨热同期……哦，虹光是天在描眉，眉长入鬓下面眼睛洗得蓝而澄澈，阳台的下颚下边，绿松石隆起荧光跃动，山峰高高地站在足尖耸立。

我看走眼，我要回到屋里，白洋袜被灰尘擦了一脸炉灰，烟火气压在脚底板，地板要翻起如指甲，疼痛得将我悬在白刃，数个小时后夕阳狼狗状，牛头梗，长开一嘴贪得无厌的血醪糟，

懒惰摔门，山岩震荡在任何一个包围我的城池，我的房间，

啊……惭愧惭愧。恭维，我听见地板的哪里，我是不是有很重要的东西遗漏在雨衣，外套的胃和裤子的口腔里？低语后颈上面暗沉的毛躁，是不是我的小兔子胡须在颤动？季节执拗地让白日拖堂，阳光留堂在玻璃窗，很微妙的……很微妙，停滞在叶脉，那一定是悬停在我的灯绳上，

灯绳长在哪里，城池里太阳不受领主管辖，万千白刃从我脚跟撤走，在白空藤壶般生长，

诸如此类的，车轮尖啸，启动在铁炉的踟蹰那边，号角一样再三启动，后颈上枪要炸膛，

48.49. 生青

  光梭焦急，灯光明亮得像奥勃良这个名字，比上不足比下有余，电动车被马路哽咽在我脚边，随后赴向川流交汇，

  幼儿园文艺汇演，道具服装走入少儿朗诵腔的浮夸，一脉相承的嘹亮，张口呼吸露出黑黢黢的漏风，甩开幼稚的袖子，电铃铛着急地震动，

  路口啐出一口炭，车流通顺——像滋滋的漏电，又是点铃铛，我踩在受伤上的肉垫上，

  淅淅沥沥的，白袜和血痂生在一起，语言的能指所指在我脑袋里搅拌，手办变成银渐层猫，挤压消毒碘伏棉球的猫叫矫情，沙拉酱一样的粉舌头，

  晕头转向，美玉的与人寡和，茶杯犬的眼压闯进颅骨里，风雨飘摇的心对我不忠，哦……哦……隆起绿色的山峰，玩笑话，滞留的栓塞会脱离鱼刺，可怖的，生青善于嫉妒，我和你在纸板箱那边私会，纸板箱瓦片上崭新的味道，上面有雨滴，

  黑色的屋檐，黑色的雨，下眼睑上掉色的眼线笔，全部衔接成水彩画，思念的线索揉进眼睛里，你的线索，

  嘴里饶舌，生生青，滑下来，电子琴，生青是绿香蕉的涩口，成熟的果实有骨骼的筋络，蝌蚪啊，怀孕的猫像贪心的吃饱了一样……我要找到和你私会的地方。

白羽

50.表白

by Nicolas Delano Lorraine

　　淌水走来，河岸的呼吸逐渐浅薄，膝盖下面水"淅沥"的低吟，烂泥的黏滑呈摔倒状，门板和地板两者刨蹭一般的吼叫，

　　我对你的爱与日俱增，侧睡挤到乳房，翻滚又伤及心脏，医嘱还插在我的耳朵里，惊扰了灌木丛的冷汗，哆嗦的肩膀惊起一从鸟和小兽，花叶呆板着精神衰弱的嘴脸。

　　我去掉哮喘，晒斑痘印，精神病和烫伤，能否和你相聚？画架的不端正斜倚着，胳膊肘里面揣着一兜的漫不经心，低沉了头像是耸肩的不得体，哪里可以庇护我不受粉笔头之害？

　　我有时候还是挺想画画的，范本夹在一旁，好像细细地把我端详，褶皱的颜料管有鼻窦炎，画笔许久没有梳理毛发，强弩之末，石墨圆钝的厮磨，我明白，下笔如有神早就和铅笔芯一样折断了，彩色铅笔是涣散的彩虹，光谱打乱，

　　我回到我的领土，它已经受难了许多侵吞，我睡前的幻

50. 表白

觉揭开眼罩，写在荧光的手机文件里面，我幻想它会被打印出来，纸张上面纤维的神经排布，不违伦理。

女人的嗓子低吼中年："ffefr，手术铲的味道。"揭开眼罩，我又要面对荧光的毒素，勒痕绕了两圈在我耳朵上，削走菠萝籽的黑色烟头，

耳根被烫伤，嘴角衔着发热的话语，手指之间快乐的缩影相错，交织在我娃娃脸似的哭丧脸的黏衣袖，光和热的浪潮一样从身体里喷涌而出，将要生息的祸端被繁育，春花似的烂漫在翻滚，啊，你的怀抱，我的温床。手臂是停车场的横杆，掐断。

唐突的，衷肠被砍断，我对你的斜方肌诉说，哦我想和你谈任何事情，关于爱、欲望和其他一切重要的事情。是的，是的，眼球在灯光下面一片猩红，幼儿园的时候我也坐在这样殷红的夏日汗蒸里，被眼皮蛊惑，致了灼烧的失明，发际线代替泪腺恸哭，我不追加否定，上唇翘起的迟迟欲语也抛却了优柔。

眼罩缠住我的呼吸，捂住耳鼻喉，闷痛的蓝雾里，和劳拉西泮浅蓝色的安眠缠斗，你的喉结滑动，输送涕泪，急匆匆的情绪沿着簧片仓皇向下。

你说得没错，我的话就像一首诗。我藏进了你眼睛的圆盾里，你是我的盲点，瞳孔震颤的样子和哭泣的红眼角，衣袖在眼睑上想要抚慰却姿态拙劣，黏膜一样的湿热，安眠在我怀里的。

我是你的镜子，站姿被衣裳掩面，一切肉欲的颜色，人的诉求在你身上淌落是瀑布奔流，水坝决堤，喉咙里像嘘

白羽

声——哦……汗水淋漓,酣畅地在痛饮辛辣和甘甜……喷涌的在素描纸的皴皮上面,技术烂熟如碾碎的覆盆子,诗性暄软。

我总是说着你和别人都听不懂的话,或许是羞涩,返璞归真,陌生化会揭下欢欣的面纱,兔子的脚扑朔,我迷离地拒绝了然,炎炎夏日在你身体的明窗里燃烧,熊熊的,火色,马蹄纷乱,厮磨地烧起我内脏里的火,哦,我一想你就喘不过气了,打括号注释胸口起伏的样子,哪里有旁白为我闭塞的口唇解说?床单上面,你是我丢失的呼吸……快,抱紧我,吻我,床榻上踩躏橘子瓤,连稍着翠叶和眼镜布,

我和你一直诉说,口若悬河写在我的名字里,我涛涛的,过往都在舌尖后面付诸东流,我倾吐了五六万的文字,对,对,诗歌的终章不是爱情的丧钟,我想你为我唱起摇篮曲……你身上散落着我丢失的"哄哄心肝哉"……尾音拖拽着一股酮体的血糖,曾经在深夜里逃散又抓不住美梦-噩梦的可能性,失散了多少?几滴泪的启示,泪光流出来的伤心。

我和你依偎在一起,红霞和章鱼的腕足一样,被河风搅碎,招惹被山缺啃吃的太阳,狼狈的牙床那边被吞吃,像节日的小圆饼一样,空腹吃药随后是蓝色的休眠。黏黏甜甜的巧克力在身体里熔化好像岩浆。我试图擦拭眼镜片上的划痕寥寥,太过显眼,

在一起好幸福好安心,移情别恋提拉着我的眉毛,硬要我看车马熙攘,我的情郎啊,我的心之所向,我把好多人吓跑,但是你不会,所以我可以说这么多,对吧。我知道我的

50. 表白

病会越来越重的，有一天我承受不住它的重量。我在你怀里，我还有没被胶水粘住的飘飞晃荡的半截人生，一切都安顿下来。

51.肉麻

by Nicolas Delano Lorraine

　　我想要张贴着,把寻人启事贴在水泥杆,浆糊粘连了一层尘土,在诵读书信和公文里的肉麻,嗲声嗲气。

　　动荡的施工,我听到母亲在履带下面的震荡,地的皮层下面有地铁龙的脊髓,放荡的,无羁的衣袖,撞破了铜绿色的铁壁,我的灵魂行走在乡间,街道是塑料袋里鼓鼓囊囊的,鱼鳔一样包含着气韵的水,落水管迎风流泪,护栏里面,有很多小狗,长毛卷毛的跳出来。

　　乱花渐欲迷人眼,

　　终章,我说着害羞的脸,许久未说起的"我亲爱的",我想那些开业大吉吵闹的音乐,铃铛的扁桃体像街角那个疯人一样蹦蹦跳跳,涂鸦存钱罐,硬币嘻嘻哈哈,长着银牙的笑,在卫生间里面女学生叽叽喳喳,心像半融化的雪糕一样甜蜜。

　　我终于明白,爱,欲望,人格,精神的淋巴结,你和我都众说纷纭,

　　哦,伟大的,伟大的,啊,我身体的中气流泻,我还想

51. 肉麻

象以往一样血口喷人……啊！伟大的……静谧的是梦的涎水从枕头的盆地逆流，流淌成荧光的河，从零点延续到下一个零点，从一个梦衔接到另一个灿烂的集合。卷毛狗从街的犄角那边冒出来，街角对着莽撞和颓唐撞伤额角。

惊吓，从那边疼痛的疾患，手抖的……美丽的拨片震颤，古琴长着长长的巫婆指甲，我回想，勒住我脖子的眼罩，春天，唑吡坦，荒草的体毛，我的手指交错在跳舞的按键上，流连的汗泪一样咸苦，我想到你，你是白羽，伊里斯，双相情感障碍的魔音还在我身上演奏，电信号异常的寄托在我写下的血，蜻蜓，小虫和灯太阳，

我亲爱的，我到现在睡前的幻觉依旧弥加魔幻，弯弯绕绕，你听不懂的痴话，痴人说梦，我脚心还在痛，你寄生在那边，我的爱情衔住了自己的尾巴，我明白，昨天晚上我的睡衣吓了一跳，站在我阳台那边上吊的窗帘也和她的好伙伴一起哭闹起来，

德巴金啊我长着青蛙腿的薄荷糖，我尝到甜甜的怪味，像是无糖汽水的味道，街角的小孩传唱着我小时候的童谣，笑闹声在踢足球，恶俗童谣的百货大楼，他们说：哈哈！踢你的头。厚涂有吗 ffefr 手术铲的味道，红色的卷心菜，我还在脖子疼，从脖子到双肩，斜切着隆起一座酸胀的山峰，心绞痛，心脏像胎儿踢我的肋骨。

我打开手机，色情样品和脏话，某一天我发现手心长出血红的针孔，现在手心不安的痣已经消失，它好像会游走，游走到我的心口，落地窗上排布着我的床上用品，落地窗后面蕴藏着蓝色的阴谋诡计，夜幕里的沉寂——斑鸠，鸽子叫，

白羽

长着鸽子翅膀,行人咕咕咕的在叫,尖细腰板和嗓音的女人密谋,哼哼哼哼的,在小偷的衣袋里笑,鸟在叫嘲笑我,瞧不起我,我想起以前卫生间里面嘲笑我的女学生,勾肩搭背的男学生连起一片淤堵着走廊和楼梯的长廊,腋汗和狐臭味的嬉笑,唾骂:臭不要脸,然后把我的郁闷和泪水都关进了"禁止敞怀"的拉链里,拉链的密齿,一点呼吸的机会都不放过……花粉啊,

我走下去,百叶包肉,我的肉糜,啊啊啊啊!蓝雾的哂笑!惨叫着,我忽然觉得天旋地转,我和蓝色残忍的夜幕一起惨叫起来,窗外面是黑森林的夜色……呜呜呜嗯嗯嗯,林中小兽,咕咕咕,水流,我的颧骨下面有仓鼠的腮,我的小田鼠嘴里吃着秋天的黄牙,护食和窃食着一桌的同胞,我觉得百叶包肉像是口交!啊!肉虫发出吱嘎的惨叫……百叶百叶是我的虫茧啊!汁水……米饭,精子和水。橘色的猫筷子,胸口油渍和乳房一样波涛,嗯……一楼说话在歪歪歪歪,我垂直飘飞到金黄的二楼上,蹦跳的瓶盖,我的卵子,子宫……暖暖的,擦嘴,给我飞吻,周遭都寡淡的像我的眉毛,把猫头塞进嘴里,咪咪。邪门。bunny bunny,兔子在我嘴里跳,瓶盖被脚趾撞伤,踢到床下。

"那么肥还化什么妆",我听见餐桌上掉落的舌头和牙齿,天花板上下雨了,簌簌落落,灰尘和书页的雨。

在你怀里睡觉……咻咻的安眠,俏皮妩媚地揣在怀抱里,甜甜蜜蜜的夜色,我和你一起看书,喜欢你爱抚的掌纹拓印在我的皮肤上,虽然对别人我都冷着脸,但想对你一个人撒娇,吸鼻子……嗅嗅身上有汗味,被褥的味道,香水味

51. 肉麻

和体香，卷在一起成了情人热恋的味道，着迷的，迷幻的，不切实际的催情药，

哎呀！长着黑洞洞的嘴洞。

"来同我一起，颠倒错乱，云翻雨覆，清晨贞洁的光束下面玩弄着……像绑螃蟹一样"，肉麻的一词……小兔子圆乎乎的背部，像红色的穗子上面，祭盘端着的大团子一样，窗户外面的冷气的热闹挤进来，奔涌而出，又流向我口腔化作矿泉水，我晕头转向……未来如何是好，你手里我的七寸，我手里你身上掉下来的羽毛，暧昧的欲望在潮湿的雨天发酵。

我到现在还害怕一个人睡觉。我是这个世界上最不幸和最幸运的人，半夜疼得龇牙咧嘴……熟睡的脚筋忽然活络，走向边缘，嘴里那只磨痛了童年的牙刷，炸鳞的手臂藏在冰袖下面，是啊，久病成医，我要给我的朋友们和你写诊断书。

我在每个蓝色的夜班里面，给你写诗。

www.ingramcontent.com/pod-product-compliance
Lightning Source LLC
Chambersburg PA
CBHW052140070526
44585CB00017B/1907